基金项目：国家自然科学基金（51008022），教育部人文社会科学研究规划基金项目（17YJA760050），中央高校基本科研业务费专项资金（YX2013-18）。
并由北京林业大学学术专著出版资助计划资助出版。

聚落形态的空间句法解释

——多维视角的实验性研究

王静文　著

中国建筑工业出版社

图书在版编目（CIP）数据

聚落形态的空间句法解释——多维视角的实验性研究 / 王静文著. — 北京：中国建筑工业出版社，2019.3
ISBN 978-7-112-23241-3

Ⅰ.①聚… Ⅱ.①王… Ⅲ.①聚落地理 — 研究 — 中国 Ⅳ.① K928.5

中国版本图书馆CIP数据核字（2019）第0202855号

本书在对聚落传统研究模式进行系统回归分析后引入空间句法理论，尝试通过该理论从空间自然法则、网络构成机制、社会人文内涵以及演变规律机制等层面对聚落形态进行系统研究，分别从聚落结构视角、功能视角、人文视角等建立聚落形态句法研究的框架，并选取我国有代表性的城市与乡村聚落进行实验性研究。

全书可供广大城乡规划师、建筑师、风景园林师、高等院校城乡规划学专业师生学习参考。

责任编辑：吴宇江 孙书妍
责任校对：赵 颖

聚落形态的空间句法解释
——多维视角的实验性研究
王静文 著
*
中国建筑工业出版社出版、发行（北京海淀三里河路9号）
各地新华书店、建筑书店经销
北京点击世代文化传媒有限公司制版
天津翔远印刷有限公司印刷
*
开本：787 × 1092毫米 1/16 印张：7 字数：144千字
2019年7月第一版 2019年7月第一次印刷
定价：30.00 元
ISBN 978-7-112-23241-3
（33526）

目 录

1

聚落形态研究：传统研究模式的回顾与发展分析

1.1 聚落与聚落形态

1.1.1 聚落定义及类型

《辞海》对聚落的解释是“人聚居的地方”，简而言之，聚落是一定人群相互依靠、共同生活的场所，村落、集镇和城市都是聚落的具体形式。

按照社会学的定义，聚落是人类进行生产、生活及其他社会活动的场所，是人类在地表集聚的空间组织形式。《史记·五帝本纪》云：“一年而所居成聚，二年成邑，三年成都”，这里的“聚”“邑”“都”均是规模不同的聚落。在人类历史上，聚落有一个从低级到高级的发展过程，即从小自然村（hamlet）、村庄（village）、镇（town），到城市（city）、大都市（metropolis）、大都市区（metropolitan area）、集群城市或城市群（conurbation）和城市带或城市连绵区（megalopolis）。其中，小自然村、村庄、镇和城市古已有之，大都市是工业化阶段人口规模集聚的产物；而大都市区、城市群和城市带则是后工业化阶段，尤其是在20世纪50年代之后，在城市高度发展的基础上出现的。根据基本职能和结构特点以及所处地域的差别，可以将聚落分为农村聚落和城市聚落。在前述从低级到高级的聚落体系中，前2种为典型的农村聚落，后5种为典型的城市聚落，镇为两种聚落的交界点，兼聚两者特征。在中国，镇分为两类：集镇（乡镇、村镇）和建制镇。集镇属农村聚落，而建制镇则是一种最低层次的城市型聚落。因此，聚落体系又可以分为两种基本的类型，即由小自然村到镇的农村聚落体系以及由建制镇至城市带的城市聚落体系（或称城镇聚落体系）。

农村型聚落和城市型聚落的本质差异，无疑是由乡村和城市的不同聚落方式所规定的。索罗金（Sorokin）、齐默尔曼（Zimmerman）、盖尔平（Galpin）曾把农村聚落方式和城市聚落方式的差别归纳为以下几个方面：1）职业不同；2）环境不同；3）地域社会的规模不同；4）人口密度不同；5）居民的社会—心理特性中的同质性和异质性不同；6）社会分化、阶层、复杂性不同；7）社会流动不同；8）移居方向性不同；9）社会性互动体系不同。根据富永健一的看法，所谓农村型聚落，就是人口密度和人口规模一般比较小、社会关系大部分局限于地域内部、居民大部分从事第一产业的地域社会。他还认为，可以从上述索罗金、齐默尔曼、盖尔平等归纳的农村聚落方式和城市聚落方式的9个方面的差别中，抽象出被认为是特别重要的几个方面，将城市聚落界定为人口规模和人口密度一般较大、社会关系不是被封闭于地域社会内部，而是向外开放且居民大多从事非第一产业的地域社会。很明显，这是对前述所定义的农村型聚落的反定义。毋庸置疑，与农村型聚落相比较，城市型聚落具有人口总数和非农业人口数量多；人口密度大；居民职业构成、社会构成复杂；以人工景观为主、各种物质和现象高度集聚、生活方式高度现代化和社会化等特征。乡村和城市的不同聚落方式规定了农村型聚落和城市型聚落的本质差异，也规定了城市聚落自空间形态至社会文化内涵等各方面不同于乡村的特征。

1.1.2 聚落形态

形态（morphology）的概念根植于西方古典哲学性的研究框架论与方法思维和由其衍生出的经验主义哲学（empiricism），其中包含2点重要的思路：一是从局部（components）到整体（wholeness）的分析过程，复杂的整体被认为是由特定的简单元素构成，从局部元素到整体的分析方法是适合的并可以达到最终客观结论的途径；二是强调客观事物的演变过程（evolution），事物的存在有其时间意义上的关系（chain of being），历史的方法可以帮助理解研究对象包括过去、现在和未来在内的完整的序列关系。作为西方社会与自然科学思想的重要部分，形态的概念被广泛应用于传统历史学、人类学和生物学研究中。

用以分析城市社会与物质环境的形态方法可以被称为城市形态学，索尔（Sauer，1925）曾在“景观的形态”一文中指出：形态的方法是一个综合的过程，包括归纳和描述形态的结构元素，并在动态发展的过程中恰当地安排新的结构元素。由此衍生出以形态的方法分析聚落的社会与物质环境，又被称为聚落形态学。聚落形态是指一个聚落（城市、乡村）的全面实体组成，或实体环境以及各类活动的空间结构和形成。广义可分为有形形态和无形形态两部分。

前者主要包括区域内聚落布点形式、聚落用地的外部形态、聚落内各种功能地域分异格局，以及聚落建筑空间组织和面貌等。后者指聚落的社会、文化等各无形要素的空间分布形式，如聚落生活方式、文化观念和价值观念等形成的聚落社会精神面貌、社会群体、政治形式和经济结构所产生的社会分层现象和社区的地理分布特征，以及由此而构成的聚落生态结构。狭义上一般指聚落物质环境构成的有形形态，事实上它们也是聚落无形形态的表象形式。聚落形态并非单一的，而是拼贴式的，是各个历史时期文化积淀的汇合；聚落形态也不是一成不变的，它会随着历史的变化而产生渐进式、碎片式的变化，通过这种渐变，即可以保持聚落文化的延续，又能不断地更新。但通常每一个不同时期，都会有一种既反映时代特色又占主体的聚落形态。

1.2 聚落形态相关理论回顾

聚落形态理论最早产生于对城市空间结构的研究。早期的研究只是把形态作为一种有趣的地域现象加以描述，采用分析地表上各种聚落形态与地形、地理环境和交通线等关系的方法，以德国 J.G. 科尔（J.G.Kohl）1841 年发表的《人类交通居住与地形的关系》为代表。20 世纪初，城市形态研究因城市地理学的迅速发展而成为一个普遍关注的研究主题。这一时期以德国地理学家徐律特（O.Schluter）、葛雷曼（R.Gradman）、马蒂尼（R.Marting）、贝纳德（W.Bernard），法国地理学家白兰士（V.Blache）、白吕纳（J.Brunhes），以及英国地理学家李兹等人的研究为代表。其中徐律特的《人文地理学的形态学》对城市形态的研究产生重要的影响，他认为城市形态是“人类行为遗留在地表上的痕迹”，提出形态是由土地、聚落、交通线和地表上的建筑物等要素构成的观点，并称其为“文化景观”，从而他被人们称为聚落形态研究的开创者。之后，聚落形态研究又进入了新阶段，范围不再仅以聚落形态或历史变化的静态描述为目的，而是深入到聚落内部，探讨聚落内部结构与社会、经济方式和功能的关系。同时，提出聚落形态的 3 个主要分析要素：街道平面布局；建筑风格与设计；土地利用模式。

总体而言，根据聚落形态理论研究的切入与侧重点，可将之归类为：城市历史研究、市镇规划分析（town plan analysis）、城市功能结构理论（theories of urban functional structure）、政治经济学分析（political economy analysis）、环境行为研究（environmental behavior studies）、建筑学的方法（architectural approaches）和空间形态研究（space morphology studies）。

1.2.1 城市历史研究

西方著名城市研究学者培根（Baken，1976）、吉尔德恩（Giedion，1971）、科斯托夫（Kostof，1991）、芒福德（Mumford，1961）、拉姆森（Ramussen，1969）和斯乔伯格（Sjoberg，1960）等对传统城市研究作出了主要贡献。他们的著作除了详尽地描述了西方城市历史形态演变过程之外，亦讨论了引起其变化的原因。如斯乔伯格在《工业化之前的城市》（1960）中叙述到：“城市和文明不可分离，随着城市的出现与发展，人类最终出离了原初的状态。城市的发展同时又使人可以建造更加复杂的能满足不同生活方式需求的物质环境，人们从而相信，可以有更多的生存方式。正如许多学者所认为，城市是人类历史上继农业生产之后的第二个意义重大的创造。”传统中国城市同样吸引了广泛的研究（董鉴鸿，1982；贺业锯，1985；Sit，1995；Wu，2009；Xu，2015）。两种城市形态思想影响了传统中国的城市格局，第一是《周礼》（西周）的最后一章“考工记”，其中所强调的“围合城墙”“南北轴线”“宫城居中”和“对称布局”反映了高度集权的政治体制和中国传统的伦理与哲学思想。第二是《管子》（周和西汉），这部古典地理著作倡导自然的哲学，人类的居住环境和自然环境相协调，在城市建设中，人们可以利用环境条件达到理想的居住目的。“理性”和“自然”的原则反映在《周礼》和《管子》中，互相补充构成了独特的中国传统城市形态理论，并且影响了古代城市的主要特征。这些思想在世界城市发展史中占有显著的位置。尽管上述城市历史理论著作较少直接提及传统经验对现代城市建设的意义，但是它们已经并将会继续对现代学术实践领域产生深远影响。

1.2.2 市镇规划分析

古典市镇规划分析（town plan analysis）起源于欧洲中部，以德国的斯卢特（Schlter，1899）为代表的“形态基因”研究（Morphogenesis）是其最早的理论基础。“形态基因”在康泽恩（M. R. G. Conzen，1960）的著作中被进一步发展，通过分析欧洲中世纪城镇，规划设计元素被划分为街道和由他们构成的交通网络；用地单元（plots）和由他们集合成的街区；以及建筑物及其平面安排。通过创立并运用“规划单元”（plan unit）、“形态周期”（environmental period）、“形态区域”（environmental regions）、“形态框架”（morphological frame）、“地块循环”（plot redevelopment cycles）和“城镇边缘带”（fringe belts）等概念方法，使康泽恩的研究在英国形成了康泽恩学派。在上述的概念方法中，“城镇边缘带”的影响最为广泛，这一概念指城镇边缘由混合用地构成的动态带型区域，其存在是城镇历史发展的普遍现象，对这一“不稳定”区域的研究有助于理解城镇发展演变，并进一步为规划管理提供建议。康泽恩对城市形态研究的贡献可概括为5点：（1）建立了基本的市镇规划分析体系；（2）第一次在英文地理文献中使用完全的过程演变的方法；（3）确立以独立的基本地块为研究单位；（4）使用详细的地图配合实地调查和文献分析的研究方法；（5）发展了城镇景观的概念（Whitehand, 1987）。1980年代成立于英国伯明翰大学地理系的城市形态研究组（Urban Morphology Research Group），继承和发展了康泽恩的思想，是目前这一领域最为活跃的学术组织之一（详见：http：//www.bham.ac.uk/geography/umrg/umrg.html）。近年来，他们的影响已逐渐由欧洲城市形态的理论界扩展到了整个西方的城市研究学术领域。尽管市镇规划分析研究发展出许多分支，例如对建立城市“规划控制”和“发展管理”原则的应用，但它对旧城保护实践的意义依然最为重要。

1.2.3 城市功能结构理论

形成于美国的形态理论有两个主要分支：第一是20世纪20年代出现的被称为文化形态研究的伯克利学派，它的主要研究对象是居住聚落而非城市；第二是形成于芝加哥大学社会学系的芝加哥学派，这一学派运用折衷社会经济学理论强调城市用地分析。在社会学家伯吉斯（Burgess，1925）创立的同心圆理论的基础上，霍伊特（Hoyt，1939）发展出扇形模型理论，哈里斯（Harris，1925）和乌尔曼（Ullman，1945）发展出多核心城市理论。20世纪五六十年代以后，他们及其追随者的研究在世界范围内产生了广泛影响。城市功能结构理论（theoriesof urban functional structure）作为城市形态研究的一部分是因为它关注城市用地，而规划和建筑设计仅被视为城市用地的载体。

另外，相对于解释城市内部不同功能分布的城市功能结构理论，克里斯塔勒（Christaller）的“中心地理论”（central place theory）分析了城市之间的空间及规模关系。城市功能结构理论反映了从社会经济学角度研究城市用地发展关系的城市形态方法。

1.2.4 政治经济学方法

政治经济学（political economy）的概念在这里广义的包括宏观经济学、社会学和政治学的方法。政治经济学的方法在建筑环境（built-environment）与商品生产过程之间建立了联系。这一领域的代表学者哈维（Harvey，1985）分析了城市景观形成与变化和资本主义发展动力之间的矛盾关系，在此基础上建立了“资本循环”（capital circuits）理论，他指出城市景观变化过程中蕴含了资本置换的事实方法。鲍尔（Ball，1986）推进了这一思想，发展出“建筑供给结构”（structure of building provision）模型，他讨论了建筑生产过程中的相关社会元素，其中包括开发商、规划管理和服务对象的动力作用及其之间的相互关系。更进一步，诺克斯（Knox，1991）在研究中指出“建筑供给结构”包括更为广泛的范围，通过对美国城市景观的分析，诺克斯证明了社会文化因素与经济因素同等重要并影响着城市环境的形成过程。政治经济学的方法强调建筑环境产生和变化与社会生产及再生产过程密切相关，在这一过程中资本是主要作用因素，同时城市发展的组织形式及相关社会机构所起的作用亦是研究的焦点（Wu，1998）。

1.2.5 环境行为研究

乔尔（Gehl，2000）、林奇（Lynch，1958）、拉波波特（Rapoport，1990）和赖特（Whyte，1980）等的研究建立了人类行为与物质环境关系的理论，他们的探索包括人类如何感知特定的环境并且产生行为反应，进而如何在设计实践中利用这些规律。在这些研究中客观科学的方法代替了旧的个人直观的行为研究传统，他们的理论著作改变了现代规划与设计的教育和工作方法。在林奇的一系列研究中，“意象地图”（mental maps）的方法被用来反映个人对环境的感知，通过使用“节点”“路径”“地标”和“区域”作为基本元素来分析环境心理趋向。他同时使用“可识别性”来描述环境特质，好的建筑环境使居民感觉舒适、亲切。林奇强调好的城市形态还应包括：活力与多样性（包括生物与生态）、交通易达性（开放空间、社会服务及工作）、控制（接近人体的空间体量）、感觉（可识别性）、灵活性和社会平等等一系列要素。拉波波特（Rapoport，1990）、洛赞诺（Lozano，1990）和特兰赛克（Trancik，1986）讨论了人对特定建筑环境的行为反应，分析了现代城市问题多出于“逆城市”和“逆人”的作用力。基于这个观点，他们建议城市发展演变应当与当地生活方式及文化需求相适应，强调设计应与环境相协调，即“环境行为”的方法。

1.2.6 建筑学的方法

在大量的形态理论研究中，由建筑师与城市设计师发展出的一系列方法对理解城市形态提供了独特的视角，其中最为突出的包括类型学（typological studies）与文脉研究

（contextual studies）。类型学起源于意大利与法国，意大利建筑师玛拉托利（Maratori）、坎尼吉亚（Canniggia）和罗西（Rossi）奠定了类型学的基础。根据罗西（Rossi，1982）的解释，类型是普遍的，它存在于所有的建筑学领域，类型同样是一个文化因素，从而使它可以在建筑与城市分析中被广泛使用。由于类型学关注于建筑和开敞空间的分类，解释城市形态并建议未来发展方向，使得类型学的方法在欧洲建筑设计及城市景观管理中得到了广泛应用。文脉研究着重于对物质环境的自然和人文特色的分析，其目的是在不同的地域条件下创造有意义的环境空间。文脉研究在艾普亚德（Appleyard，1981）、卡勒恩（Cullen，1961）、克里尔（Krier，1984）、罗（Rowe，1978）和赛尼特（Sennett，1990）著作中被广泛讨论。其中最有影响的概念是卡勒恩的"市镇景观"（townscape），这一概念的建立基于两点假设，一是人对客观事物感觉规律可以被认知，二是这些规律可以被应用于组织市镇景观元素，从而反过来影响人的感受。通过分析"系列视线"（serialvision）、"场所"（place）和"内容"（content），卡勒恩指出，英国20世纪五六十年代的"创造崭新、现代和完美"的大规模城市更新建设和富有多样性特质的城市肌理（包括颜色、质感、规模和个性）相比较，后一种更有价值并值得倡导。这一思想对中国改革开放以后城市快速发展的现实同样有深刻的启发作用。

1.2.7 空间形态研究

这一理论认为城市由基本空间元素组成，它们构成了不同的开放与围合空间和各种交通走廊等，空间形态研究从不同规模层次分析城市的基础几何元素，其目的是试图描述和定量化这些基本元素和它们之间的关系。空间形态研究起源于1950年代由马奇和马丁（March，Martin，1972）在英国剑桥大学创立的"城市形态与用地研究中心"。随后各种不同概念被发展用以定义和描述建筑和居住聚落（Steadman，1983；Mitchell，1990）。

1.3 聚落形态研究发展分析

以上讨论的聚落形态理论提供了广泛的方法来剖析聚落物质环境（尤其关于城市聚落），尽管它们有重合之处，但根据所侧重的研究对象和方法的不同，相关的理论概括起来可以被分为三类：一是"形态分析"（environmental analysis），包括城市历史研究、市镇规划分析、建筑学的方法和空间形态研究。"形态分析"依靠从二维到三维的城市地图、规划与建筑设计和城市实体研究，其目的是解释城市现象和剖析其中隐含的规划管理、建筑师、业主和各种相关专业人员在城市形态变化中的作用及责任。二是环境行为研究（environmental behaviorstudies），它关注于人的主观意愿和人的行为与环境之间的互动关系，研究过程包括实地观察、问卷调查及相关人员的访问；三是"政治经济学分析"，它关注政治与经济因素和相关的社会组织在"城市过程"（urban process）中的作用，定量的方法在这里是主要的分析工具。

可以看出，聚落形态研究的理论与技术方法日趋丰富，并且不断走向集成。一方面，在研究对象逐步从聚落空间的社会经济分析转向制度与文化分析的同时，定性与定量研究方法也不断提升。传统的定性研究多为历史描述与经验归纳，而当前的定性研究开始转向空间的新制度主义分析与历史文化分析。传统定量研究运用数据统计、比较、分析和建模等方法，对聚落形态变化要素和影响要素进行比较分析（如区域比较、历史比较等）、统计分析（如相关分析、回归分析、主成分分析等）和空间建模（如阿朗索模型、中心地模型、引力模型等）。现在，随着空间分析与信息技术的发展，聚落空间研究逐步通过新技术手段进行量化研究和实证分析，如通过分形理论以及遥感与GIS技术等进行空间分析（如叠加分析、BUFFER分析、网络分析、拓扑分析等）和模拟（如DLA模拟、DBM模拟等）研究，基于大数据支撑下的城市空间分析与结构研究（如基于手机信令的城市中心体系识别、基于百度热力地图的城市空间结构分析、基于大众点评数据的城市中心体系识别与优化等），同时，空间分析与模拟技术逐步应用于聚落形态开发与空间规划之中。另一方面，尽管定性与定量研究的新技术不断出现，但其并未削弱传统研究方法的作用。如对于定量分析而言，通过数理分析方法和以GIS等新老分析技术的结合，聚落空间量化研究的应用成效更加明显。并且一些新的聚落空间分析技术逐步将聚落空间的主客体性相融合，形成跨越空间主客体性的通用集成技术手段，为聚落空间研究提供了更为科学实用的技术方法。

空间句法作为聚落形态研究的全新理论、方法和工具，正是这样一种聚落空间分析技术与方法。这一理论方法基于GIS平台，它不仅强调分析空间组合的几何特性，更重要的是蕴含其间的社会与人类学意义（Hillier，1983）。句法的研究可以整合聚落形态研究中的主体性与客体性：一方面，空间句法作为理解空间社会的逻辑语言，它强调了个体在空间的体验与行为，将人类活动与空间形态有机结合；另一方面，空间句法基于数学图论与GIS，倡导了一种建立在客观分析和实证研究基础上的本体的空间研究理论。句法将聚落空间结构模式以一种定量而客观的方式表述与测定，其计算分析手段能将本来难以言说的，但能被人们直觉所感知的空间结构以一目了然的图示方式表达出来。并且在句法中，空间布局结构是与社会经济、土地利用、环境和文化紧密相关的概念。大量的研究成果皆成功证明了句法理论对聚落和建筑空间理解与模拟的正确与重要性（Hillier et al.，1996，1998；Jiang，2000，2002；Read，2002；Douglas，2003；Batty，2004；Zhu & Wang，2005；Wang，2013，2016）。

1.4 本书研究对象、目标与方法

1.4.1 研究对象

基于研究的完整性，本书研究的聚落包括城市聚落与农村聚落，城市聚落研究选择典型的大都市或城镇为案例，包括北京及河南新乡等城市；而农村聚落选择的代表为传统乡土聚落，指那些广泛分布于乡野间，以土地为本、以农业生产活动为基础的传统村落，这是聚落的一种最基本的形态，也是乡土社会的基本单元，本书案例既包括北方的京西传统村落也涉及南方桂北传统村落及贵州屯堡聚落等。

1.4.2 研究方法

本书采用“理论与实践相结合”的技术路线，在理论推导方面，本书通过对大量聚落文献资料和相关学科理论的分析和综合，力图从整体把握研究对象，并提高本书的理论性和抽象性。在实践方面，本书注意选取有代表性的聚落包括城市聚落与乡村聚落进行实地详细调查，掌握第一手资料，并结合理论研究成果进行综合性研究。

（1）实地调查与文献史料分析结合

实地调查又称田野调查，这是建筑学领域最有特色的研究方法，而在空间句法的研究中，也尤其强调对实地状况的了解。城市规划专家与建筑学家特别注重通过直接的调查，收集第一手资料。这种研究方法分为三种形式：第一种是实地观察，可分为无参与观察和参与观察。无参与观察是不影响被观察对象的活动，一般用于聚落和建筑形态的描述，以及收集、统计资料等方面。参与观察则深入到被观察环境中，切身体会观察对象的思维模式、行为方法，这也是文化人类学家常采用的一种调查方法。实地观察可以使人类学家把目光集中在对其文化有意义的行为模式上，寻找那些有规律的行为特征的先后次序，注意其在不同情况下的变化。第二种是调查访问，分为有组织正式访问和无组织非正式访问。这两种方式都要求采访者根据相关专业设计调查提纲，深入实地进行访问调查并收集资料。第三种是实地测绘，这是建筑学专业收集资料的重要手段之一，可分为目测和实测。这种方法为研究聚落的整体形态和区域的布局特征提供了有效地观测手段，并丰富了对聚落的直观了解。

对于聚落形态的历史演变的研究，可利用史料记载和遗物、遗构进行。这里所谓文献的方法，就是从历史文献中发掘聚落发展的脉络，无论是古代、近代或现代学者所进行的聚落文献史料都属于这一研究方法。空间句法分析方法较其他形态理论的优势是：它能使我们以一种全新的眼光审视那些有关聚落的古老的地图，从中提炼出蕴含在地图中的有关当时聚落的更多信息。

（2）系统整合法与比较分析法结合

系统方法即是从系统的观点出发，着重从整体与部分（要素）之间，从整体与外部环境的相互联系、相互作用、相互制约的关系中综合地、精确地考察对象，以达到最优地处理问题的一种方法。城市与农村聚落区域分布和形态结构作为一种现象、一种模式、一种运动机制、一种空间形态和一个整体运行的系统，其形成和变迁既反映了生态环境等外在因素的影响，又反映了社会文化、意识形态、技术进步等内在因素的变革。本书将聚落形态看成是一个有影响因素和表现模式组成的系统，通过研究这个系统之间各组成因素之间相互影响、相互作用的关系分析出系统演进发展的客观规律，进而为以后制定聚落形态的发展战略提供内在依据。在具体案例研究中，为了全面把握城市聚落形态的演变特征与发展规律，本书采用比较的研究方法，包括历史性纵向比较以及理论事实比较等方法。历史性比较主要体现在对聚落形态演变与发展研究中，揭示其演化规律以及社会不同历史阶段所具有的特征。而对于理论事实比较，则在于句法理论与文化、人类社会学等方法的比较研究，强调各种理论在聚落形态研究中的有益互补，也通过比较使得对聚落形态的研究在理论层次得以升华。

（3）实证研究与理论推导结合

聚落形态分析的句法理论研究成果需要在实际案例中加以验证。理论研究为实证研究提供了理论指导，实证研究为理论研究提供了材料，加强此二者的结合，才能使聚落形态的研究得到较全面的发展。在具体分析中，根据已有的句法理论，结合相关文献资料，选择有代表性的城市与农村聚落实例进行多视角的分析和综合，力图从整体上把握住研究对象，提高研究的理论性。理论与实例研究相结合的方法突破了以往纯理论学术研究的局限性，增强本书理论的实证性和直观性。

（4）定性分析与定量分析结合

通过定性分析方法，即传统的基于个体的经验和感性判断，将聚落形态与空间转化为科学化、数字化描述的因素，然后再采用定量分析的方法进行数据分析。将基于经验与感性判断的规范化途径与以定量描述、分析、预测聚落物质形态空间为基础的系统化途径相结合，这不仅有助于更加科学、准确、全面的把握聚落形态与空间的现状、存在的问题以及预测未来的发展趋势，还能更有利于精准化与科学化地指导聚落规划设计实践。

以上简要列举了几个主要的研究方法，聚落形态的研究涉及物质空间和社会文化，并综合了各种因素，包括人、自然、社会的综合，功能和结构的综合，人的居住行为和构筑行为的综合，以及物质形态要素和非物质形态要素的综合等。这就决定了聚落形态的研究必定是综合的研究，也就是说，应当从以形态学、社会学、历史学、建筑人类学、文化生态学等为中心的多学科结合的广泛视野上进行综合地研究。

1.4.3 研究目标

基于国内外相关研究综述及实证案例调研，本书将分别从聚落结构视角、功能视角、人文视角对空间句法在我国聚落（包括城市与村落）研究中的应用进行实验性的拓展，以期通过句法并结合形态学、社会学、建筑人类学等理论方法对聚落进行较以往传统研究更为深入而细致的剖析，探讨与挖掘聚落形态所包含的空间自然法则、网络构建逻辑、社会人文内涵及演变规律机制，揭示聚落潜藏于表面形式下的空间秩序与社会逻辑，以及为正确导向聚落空间的发展和重构予以科学理性依据。其中，结构视角侧重于对聚落空间内在结构模式与其组织特征的把握分析；而功能视角则尝试探讨聚落功能模式的演变规律并研究如何从聚落形态层面整合聚落空间模式与功能模式，明确聚落空间结构特征和功能变迁之后的各类影响与制约因素；人文角度重点研究聚落空间的社会意蕴以及其间所内含的潜在社会交往模式与规则，透析聚落形态所蕴藏的文化、经济和社会过程的印记。

1.5 学术取向和研究意义

聚落是一种重要的文化景观，既反映自然环境的特征，也表现人类文化的差异，伴随着人类生产力的发展及与之相适应的生产关系的变化，其具体形态也在不断地发生着改变。德国地理学家 J.G. 科尔是最早对聚落作系统研究的，白吕纳则把房屋列为人生地理事实的第一纲及第一目，包括房屋类型、村落形式、都市位置及其与环境的关系。此后，聚落地理研究在一些国家形成各自的风格。如德国着重聚落景观，法国重视经济对聚落的影响，英国偏重聚落历史地理，美国则关注白人拓荒者居住问题。聚落地理学形成后，由最初的城市地理学逐渐发展成为人文地理学的一个分支。另外，与聚落有关的社会地理学分析了空间中的社会现象。在探讨人地关系上强调社会因素对地区文化景观、生活方式的影响。研究内容包括人口、聚落、民族、宗教、语言、行为和感应等方面的地理问题，并致力于解决社会问题。

总结以往的聚落研究，除政治经济视角外，建筑学领域的形态学方法在文化角度与社会角度有两种不同的学术取向。前者主要采用文化人类学的方法，从文化特征以及文化整体进行研究，注重聚落形态以及空间观念的史料性记录与诠释。后者主要采用社会人类学的方法，从社会关系及结构进行研究，注重聚落的结构和形态以及其背后的社会组织和生活圈等方面的探讨，注重探究聚落的整体层面以及其空间结构和聚住形态，尤其关注传统社会组织观念对聚落和其空间性格的塑造。社会是人类相互关系的总网络。社会的组成部分因此不是人类，而是人类间的关系。A.N. 怀特海（Whitehead）说："世上每一个因具有高级活动而闻名的时代，在其顶峰阶段，以及在造成这一顶峰阶段的代表人物中间，都能发现某种深刻、普遍的特征，它们被不声不响地接受，在人们日常发生的行为上打下自己的印记。"

这两种取向的研究在架构和方法上均有各自的贡献和价值，这两种学术取向各有侧重，互为补充，因为"人文现象与狭义的社会现象的形成都与人密切相关，它们都是由人、人的活动及其活动的产物所组成，因而，它们具有更大的相似性和内在相关性，并且两者之间还存在较大的'模糊地带'和公共地带"。本书以聚落形态为研究对象，基于空间句法对聚落进行较为科学系统的研究，力求在学术取向上做到两种角度主辅兼顾：不仅重视聚落作为传统与历史的一面，同时也关注其社会生活的一面，不仅研究聚落内部的空间结构，更从整体系统角度对聚落展开分析与探讨。

我国当前快速的经济增长与城市化对聚落的区域分布和形态结构带来深远影响。在新的历史发展时期，如何协调经济发展、生态资源、人类文化等与聚落发展三者之间的相互关系，实现聚落未来的可持续发展，这是需要相关领域学者深入思考和研究的关键课题。作为地理自然环境的客观反映和社会生产力发展的物质载体，聚落区域分布和形态演变，存在其发展的规律性，这种规律性是以自然环境作为生态基础，以社会生产力发展作为文化动力，通过聚落区域分布的空间拓展、形态结构变迁等表象体现出来。本书尝试通过空间句法从空间自然法则、社会人文法则、网络构成机制以及演变规律机制等方面对此表象进行研究，以期探究聚落构建逻辑与发展规律，明确聚落空间分布和形态变迁的各类影响与制约因素，揭示聚落中潜藏于表面形式下的空间秩序与社会逻辑，剖析聚落形态所蕴藏的社会文化内涵，从演进的角度指导聚落的未来发展，最终使聚落实现可持续发展。

在当前快速城市化进程中，大都市与城镇集聚了越来越多的人口，并伴随着城市体系、城市用地、社会结构、建筑环境和生活方式等一系列变化。作为城市化的一个结果，城市形态的变化明确的反映了城市化过程。从而“城市形态作为城市化的结果[1]”（urban form as anoutcome of urbanization）这一模型，使物质的城市形态、抽象的社会经济因素和城市规划有机的联系在一起，并且提供了一个强有力的、可以被广泛应用的方法来分析城市化与城市形态变化的动力及过程机制，进而可探寻城市发展的可持续模式。而在本书的研究中，空间句法的引入应用则可以使分析研究更为理性与客观。

乡村聚落作为中国社会的基本单元，本书选择的传统聚落蕴含了乡土文化和乡土生活各个方面的内容，是有一定的外部范围和内部结构的系统的整体。从传统聚落的营建和空间形态的研究过程中，不仅反映出对自身生存空间的理解和追求，也是社会文化和历史文化相关联的非物质因素的物化体现。作为实体形态存留下的传统聚落，首先是一种有形的资产和符号；再者是民族的集体记忆；更是与其传统演进过程和发展程度相匹配的产物。

因而，聚落作为承载着人与人和人与自然关系的构成实体，可以通过空间句法并结合建筑人类学等方法对此研究的发展变化的客观规律进行探索，并挖掘其中能够准确和真实地反映当时人在自然中的栖居理念和聚居模式，进而引导和调控聚落未来的发展。

1.6 研究内容及框架

第一章　聚落形态研究。传统研究模式的回顾与发展分析。本章详细阐述聚落与

[1] 这一模型源于诺克斯（Knox，1994）的“城市化过程”（urbanization as a process）理论，其中城市化由一系列相互作用的社会、经济、人口、政治、文化、生产技术和环境变化过程所推动。

聚落形态的定义及分类，对聚落形态研究的理论进行系统回顾分析，之后对聚落形态研究发展进行综合分析指出空间句法理论为聚落空间形态分析提供了一种新方法与技术，它基于数学图论与GIS，倡导一种建立在客观分析和实证研究基础上的本体的空间形态研究理论。句法不仅强调分析空间组合的几何特性，更强调其间所蕴含的社会与人类学意义，并且句法的研究可整合聚落形态研究中的主体性与客体性。最后本章在前述分析基础上构建本书研究框架及组织。

第二章　空间句法理论。另一视角的聚落形态解释。本章首先从建筑、社会、语言3个相互独立但又相互关联的范式系统论述了空间句法相关理论以期展示空间句法理论其后的话语逻辑，之后对空间句法基本理论、空间句法数量基础及其核心组构等进行详尽阐述以全面解释空间句法理论，并探讨空间句法对聚落的总体解释，指出空间句法提出的非同传统视角的研究方法，不同于那些设法在空间化过程中发现聚落的研究方法，它使物质聚落成为首要的关注对象，并且通过考察聚落形态来发现经济和社会过程的印记。

第三章　空间句法实验性案例研究之结构视角。城市聚落的空间句法结构视角研究以河南新乡为例，依托空间句法理论与分析方法，通过对新乡城区的现状空间形态特点和客观演变发展规律的研究，分析城市中心区发展潜力以及城市整体空间形态发展趋势；在此基础上，进而分析新一轮规划纲要中所提出的新乡城市空间发展战略，尝试以句法视野解释与验证规划设想的新乡空间发展模式是否能够达到其预期的规划目标，从而为实现新乡空间发展的可持续提供决策支持。而农村聚落则以北京西郊柏峪与贵州云山屯堡为案例，此类传统聚落的空间形态是聚落自然环境与历史文化长期积淀的外在表征，文中以句法视野解读聚落空间形态，以探讨其空间组织特性及其隐含的意义。研究中空间句法作为理解聚落空间的社会逻辑语言，深刻揭示了人类社会活动与空间形态的互动关联，并可定量而精确的描述空间结构形态，为传统聚落空间形态的研究提供了一种新的方法与视角。

第四章　空间句法实验性案例研究之功能视角。本章以演进中的北京城市空间作为研究对象，基于空间句法并结合传统的统计与比较分析方法对北京城市空间及功能模式在不同年代的演变进行系统定量分析和比较研究。通过句法之空间分析方法对不同年代北京城市空间形态和结构逻辑的理解与模拟来尝试把握北京城市空间，并结合土地利用、社会经济等相关信息分析，应用空间句法的相关理论，揭示北京城市空间模式系统的内在运行机制以及其城市功能模式演变的本质规律。研究中，空间句法将作为一种不同于传统的表现、描述与评测城市空间结构与模式的方法，可利用一系列变量客观评定城市空间的特征，并将其与社会经济、环境和文化要素等紧密关联。

第五章　空间句法实验性案例研究之人文视角。空间句法作为理解聚落空间的社会逻辑语言，为公共空间的社会人文性研究提供了一种新的方法与视角，本章以公共空间为主要切入点对聚落展开人文视角的深入探讨与研究。其中城市聚落选择北京胡同空间作为研究对象，借助于空间句法对北京传统胡同空间形态进行定量分析，尝试释义这些街巷空间何以成为居民社会生活多样性的支持系统，以及何以成为人们乐意聚集的交往场所空间。关于传统聚落的研究，它作为人类各种形式聚居地之一，是人类社会文化的一种空间状态和人文形态。另外，本章以桂北传统聚落为案例，结合空间句法从物理维度、形态维度及文化维度等方面对桂北传统聚落公共空间建构机制进行深入分析，提炼出其空间结构与组织特征及其隐含的社会文化规范。在此基础上，本书还对传统聚落环境进行深入而系统的解读，通过对其空间形态的分析以探讨其隐含的文化与社会本性，从另一角度探源与诠释传统聚落的规划思想，并尝试揭示此类聚落的人文内涵及其发展的适应性，以期提炼出对现今聚落建设有益的启示。

结语　归纳总结本书的内容，指出空间句法在聚落研究中存在的优势与不足，并探讨其需要解决的问题与将来发展的趋势。

1.7　本章小结

聚落形态对聚落的发展具有极为重要的作用，与世界其他国家相比，我国聚落形态的变化，从动力机制到实体环境都显示出不同的特点，其复杂性与多样性对聚落形态的理论研究具有特殊的价值。虽然我国阶段性的聚落形态研究已不断出现，然而系统与全面的分析，尤其是方法论的研究还有待提高。本章关于聚落、聚落形态的阐释以及聚落形态研究理论的回顾与梳理，目的在于对聚落及其形态的研究有更为清晰而全面的认识，其中空间句法是作为聚落形态研究的一种新的理论与方法被提出。

2

空间句法理论：另一视角的聚落形态解释

空间句法（space syntax）是一套基于图论与GIS的城市与建筑空间形态分析的理论与工具，它通过对包括建筑、村落、城市甚至景观在内的人居空间结构的量化描述，来研究空间组织与人类社会（经济、文化）之间的关系（Bafna，2003）。空间句法的研究始于20世纪70年代，它是由伦敦大学学院（University College London，UCL）巴特莱特建筑学院（The Bartlett）的比尔·希列尔（Bill Hillier）及其领导的研究小组开创的。早在20世纪60年代，比尔·希列尔即研究了空间与社会这个课题，认为抽象性的社会结构中应该考虑空间因素，而物质性的空间结构中应该考虑社会因素，开创性地提出空间结构中的社会逻辑以及其中的空间法则，并于1984年与同事朱莉安·汉森合著《空间的社会逻辑》一书（Hillier & Hanson，1984）。此后，希列尔重点研究建筑和城市形态与功能的永恒课题，认为空间结构是其联系的纽带，这些研究成果最终归总为《空间即机器》（1996），开辟了建筑与城市理论的新方向，形成研究空间形态的新学派，也从实证与自组织的角度重新定义建筑与城市研究范式。《空间的社会逻辑》与《空间即机器》中涉及的研究内容往往简称为“空间句法”，它反映了20世纪六七十年代以来建筑与城市研究逐步注重科学实证，同时也注重结合传统经验知识的过程。

到目前为止，“空间句法”的理论与方法从伦敦大学学院传播到75个国家与地区的400多个高校中，特别是它的研究在美国与荷兰形成相对成熟的分支团体，如亚特兰大的佐治亚理工学院的约翰·皮泊尼斯的研究团体、代尔夫特工业大学的斯蒂芬·瑞德的研究团体等。近年来，随着大数据及信息技术在国内城乡规划与建筑设计领域的广泛应用，越来越多的中国学者也开始关注与投入对空间句法在中国的研究。

2.1 空间句法相关理论

与众多建筑与城市理论体系有所区别的是，空间句法理论的切入点是“回归到空间本身”，空间句法将空间作为独立的元素进行研究，并以此为基点，进一步剖析其与建筑、聚落、社会和认知等领域之间的关系。空间句法为当代空间话语提供了一个新的思考方向，通过解析当代复杂空间话语网络中空间句法和其他相关理论的关系、位置、范围，可以对其内涵和外延有更清晰的了解。本节拟从建筑、社会、语言3个相互独立但又相互关联的范式展开论述，尝试通过描述各相关理论间的复杂关系以展示空间句法理论其后的话语逻辑。

2.1.1 空间与建筑的关系

空间一直被认为是在建筑学领域最纯粹、最本质、最不可缩减的概念，空间也是建筑区别其他艺术类别的关键。然而，如果我们对比不同人对空间和建筑理解的差异就会发觉空间和建筑的关系远非我们所想象的那么清晰和确定。

从古至今，人们感知空间、使用空间、营造空间。但空间真正成为一个独立的概念来被理解和研究却是从19世纪开始的。在此之前，虽然空间一直是人们认识世界的方式，但人们对空间的理解却是通过其他的介质赖以形成的方式，而非对空间本身的理解。比如，柏拉图说的Chora就是一个很有争议的概念。按照字面的意思可以被理解为空间，也可以被理解为场所，或者是形式。在柏拉图的二元论中他所要区分的是形式和物质，他认为前者只能通过理性来理解，后者是通过感官去感知。形式，作为思想的对象会在物体中找到它们的对应。Chora是让物质得以在物质世界呈现的容器，但它的非物质性说明其不能被感知，但却可以被理解，因此，理性世界里的形式和物质世界的空间在柏拉图的理论里并没有明确的区分。又比如，文艺复兴时期的透视所形成的透视空间。阿尔伯蒂发明的线性透视利用欧几里德的抽象直线连接着视点和物，通过这种投射方式使人和空间产生关联。建筑空间就成为一幅关于光线投影的画，这种透视空间造就了文艺复兴时期整体、宏大、清晰、和谐的建筑风格。但透视空间并非空间本身，而是人们观看世界的方式。再比如说，中国古代的字画所表达的视觉空间，在古典时期多以其他方式出现和被论述，如作为情景交融中的“景”，在当时，人们理解的“景”包含了视觉空间和主体如何看、如何表达等创造性活动，而不单单是空间概念的本身。

直到19世纪，人们才开始将空间作为一个独立的概念进行讨论和运用。可以说，空间是一个现代性概念，空间概念的发展伴随着现代性的发展而得以逐步明晰。康德认为空间是人类感知的方式，并非物质世界的属性。因此，空间成为思维理解世界的透镜。在《纯粹理性批判》（1781年）一书中，他写到：空间并非产生于外在的经验，空间不是任何事物的再现，它也不是事物关系的再现，相反，空间以直觉的形式先存在于思想中。所以，唯有从人的立足点才能谈论空间。康德的理论为后来的移情论的发展奠定了基础。移情论说的是自然的有机形式都是处于空间中的，并且一个自然物象与另一个物象间有着相互影响的关系，当个体意识外化时本身也就被空间化了。这种空间化的标志就是立体化，在建筑中多通过透视法来体现。移情论的代表人物里普斯（Theordor Lippers）认为，审美的空间是得到了形式的空间，因此，审美的移情作用的达成是主观生命与对象形式的完全融合。里普斯把观看分为两个层面，一个层面是视觉的，这个层面关注的是物质；另一个层面是审美的，这个层面关注的是物质被移走后剩下的东西。他认为空间便是这个起关键作用的东西。因此，空间形式可以纯粹地存在于非物质的、对空间抽象艺术的再现中。这种把空间作为生命的内在物质视觉化的理论，在当时的建筑空间理论中也有相应的研究。斯马苏（August Schmarsow）在其研究中就明确物质在建筑审美中的作用。他指出，建筑艺术的创造就是对空间的创造。对斯马苏而言，创造空间是一种主体身体对自身的空间感知的三维表达方式，空间的存在是因为人的身体对其的体验。

根据福提（Adrian Forty）的总结，当时建筑空间理论的另一个重要方向是森珀（Gottfried Semper）提出的围合论。福提认为森珀是首位把空间作为一个独立的概念引入现代建筑学的。森珀指出，在建筑学中，空间的围合性是第一位的，物质性居于其次。虽说森珀对空间的论述非常简练，但却产生了很大的影响，使 19 世纪末和 20 世纪初的建筑师和理论家开始了对空间概念的关注。其后的继承者有路斯（Aldolf Loos）、贝尔拉格（H P Berlage）等。路斯在他 1898 年发表的文章“覆盖原则”（The Principle of Cladding）中提到，建筑师的任务就是要提供温暖及可居住的空间。贝尔拉格也指出，建筑的目的就是创造空间，所以建筑的过程也应从空间开始。森珀的围合论除了使当时的建筑师把对空间的注意力集中在围合空间的建筑元素上，还启发了相当一部分人对空间自身的演绎。艺术家赫德布兰（Adolf Hiderbrand）就认为，在建筑艺术中，被围合出来的空间才是理想的形式。这个理想形式是我们根据在空间中的运动，我们的眼睛和身体在把不同片段的形象在想象中组合起来的结果。他指出，建筑和其他艺术不同，其他艺术需要通过人体或不动的物体来再现空间，而在建筑中空间是可以被直接感知的，并不需要通过其他的物体来呈现的形式。

在空间被开始关注的 19 世纪，还有一个重要的方向是空间作为身体的延展的理论。19 世纪中叶，人的问题已经开始以一种更加激烈的形式出现。自文艺复兴以来，科学技术的发展一方面让人失去了旧形而上学加在他身上的神性，另一方面人又通过科学把自己夸大为支配一切的主体。在笛卡尔的“我思故我在”开启现在哲学的论题后，尼采的超人和非理性的强力意志把主体和主体性置于现代性的中心。尼采所理解的空间是一个充满力的场所，这个场所是通过身体的运动、身体的能量的激发和释放而得以产生的。空间作为身体的延展的理论在 20 世纪初又继续被发展，其中包括当时在包豪斯学校任教的伊柏林（Siegfried Ebeling）和莫赫里（Moholy Nagy）。伊柏林认为空间是一层介于人和外界之间的膜。它是由人的行为直接形成的，人们介此同外界发生关系。因此，空间是人的生物意识所形成的，它是一个由人的运动和欲望形成的连续性的力场。莫赫里也认为空间和人的生物意识相关，但他觉得空间有其自身的动态力场，并可以独立于人对空间的占有。知觉现象学家梅洛·庞蒂（Maurice Merleau-

Ponty）也对空间与身体的关系作过深入论述。梅洛·庞蒂认为，空间从来都不是抽象的概念，它是活生生的身体存在的空间性的呈现。这就是说，空间并不是作为对象与我们相对并被我们所把握的，而是我们就处于这种身体空间的直接性中。身体不是在客观的空间中，身体的空间性是身体存在的展开。这里的空间性并不是物体的位置性空间，而是一种处境性的空间。因此，他认为我们的空间感的形成是由外部空间与身体空间的双重界域的显现。

存在主义现象学家海德格尔（Martin Heidegger）所理解的空间既不是康德所说的先验结构，也不是独立于主体的一个抽象物体。他在《筑·居·思》中指出，建筑从来不能造出纯粹的空间，相反，我们看到的是场所（让世界得以显现的地方）。由此看出，海德格尔用场所的概念替换了空间。和笛卡尔式的理性空间所不同的是，场所代表的空间是不能被单位进行测量的非量化空间。海德格尔的理论直到20世纪中才逐渐在建筑界产生影响，建筑理论家舒尔兹（Christian Norberg-Schulz）便是追随者之一。舒尔兹认为，建筑空间在传统的讨论中被分为空间和特质。空间是三维的组织系统，特质是空间中如气氛等的特点。他认为这样的划分是为了实践的需求，但对我们理解建筑空间是一种限制。他试图从现象学中寻找一种可以使两者具有内在联系的空间概念。因此，舒尔兹把场所归结为可以包括空间和特质的总和。这样一来，建筑空间的划分就被场所结构所代替了。在存在主义现象学里，场所里主要包括中心、边界、方向、节奏、天空、大地等元素。在以往建筑理论中也有类似要摆脱以质而非以量来界定空间的例子。如吉迪恩（Sigfried Giedion）就尝试用“外”和“内”为基础来综观建筑学历史。还有凯文·林奇也用点、路径、边界、标志和区域（面）作为基本的要素为人在空间中的定位作为对空间的界定。

空间句法创始人希列尔认为，现象学解决的问题是如何把人的思维、身体和外部环境联系起来。现象学认为，人的思维和外部世界是不可分的。因此，在19世纪现象学的产生是想建立一种理性的经验主义，并以此对抗当时科学的纯粹理性。但是，希列尔指出，传统现象学的方法论却太过注重个人的经验而忽略了在更高的整体层面的科学性的抽象框架。比如，在对城市的研究中，城市一般被我们以整体的物理性和个体的经验性而理解，即城市是以整体的物理方式存在的，但在被我们经历的时候却是非常个体的。现象学虽然对个人在部分城市的个体经验有很多研究，但却忽略了城市作为一个整体性存在的方面。与传统现象学相反的是传统社会物理学。希列尔认为社会物理学注重对城市整体的数据性描述和研究，但却把人的多样性的复杂行为简单化，从而使分析出来的城市模型和个体经验脱离。他指出，虽然社会物理学和现象学都在不同层面对城市研究有贡献，但它们之间还缺乏一个相互连接的桥梁，而空间句法理论就可以起到这个桥梁的作用。既在城市研究中把人的城市和物质的城市连接起来，把人的行为、经验和城市空间的结构联系起来提供一个共同的研究平台。事实上，空间句法在很多研究上也借鉴了新的城市物理学和认知科学的一些新的概念和方法。比如，艾伦·佩恩（Alan Penn）教授就尝试把空间句法和认知科学的一些理论结合起来，为空间句法开拓在虚拟现实领域的方向。

回到空间与建筑的问题上，希列尔认为，建筑学和城市研究缺乏一种分析性的知识，所以，很多建筑或理论的探讨只是借用其他领域的知识并应用在建筑学中，而缺乏自身的核心理论。那什么是建筑学的核心问题呢？希列尔认为应该首先界定什么是建筑。我们必须分清建筑和房子的区别是什么；建筑在房子的基础上增加了什么；是艺术、风格或是什么别的因素。希列尔指出，建筑必须同时包括建筑物和营造过程。建筑物包括物质和空间的组合结构。这种组合结构受到社会和文化的影响而呈现不同的形式（如民居）。同时，这种组合结构也影响着人的身体和思维以及社会的存在。从这个意义上说，建筑物从本质上非常接近地再现了精神的、文化的和社会的结构。希列尔认为，建筑和房子的区别就在于建筑的营造活动是有意识的、潜意识的、创造性的、批判性的，甚至上升到理论的思考行为。这使建筑同时是直觉的和抽象的统一。

希列尔认为，在以往的建筑理论研究中，建筑师和建筑理论家把注意力多放在了建筑外形和风格上。然而，空间不仅为人们的社会活动提供了可能实现的物质基础，并且为社会关系的创造提供了前提条件。在这个层面上，建筑对人们日常生活经验的渗透要比其在视觉的象征性更具意义。希列尔认为建筑不仅是物体，更是由实体所围合的空间。正是空间产生了建筑功能及其社会意义的关系。因此，建筑并非单纯的社会艺术，建筑物通过单体和组合形成一种空间秩序，而人们就是通过空间的秩序和组合结构来认识社会的。希列尔认为，建筑学的许多研究多注重表面而非空间本身，或多注重单独的空间而非空间的组合结构。建筑学需要一套关于可以描述和分析空间组织结构的语言，而空间句法就是这样的一种语言。

2.1.2 空间与社会的关系

空间不仅是建筑师或建筑理论家的关注点，它也是社会学家研究的重要课题。当社会学家在研究城市、个体的行为、商业的运作、信息的交流等社会活动时不可避免地会接触到空间的问题，他们的切入点多是透过分析空间和空间属性来研究社会。总的来看，社会是他们关注的主体，空间是用来研究社会的手段之一。那么，空间在社会中扮演的是一个什么样的角色呢？或者说，社会形式和空间形式之间有任何关联吗？

亨利·勒菲弗（Henri Lefebvre）认为空间不仅是社会关系演变的容器或平台，相反，众多社会空间往往矛盾性的相互重叠、彼此渗透。勒菲弗认为，空间是社会性的，它牵涉到性别、年龄与特定家庭组织之间的关系，也牵涉到生产关系。它不仅被社会关系支持，也生产社会关系和被社会关系所生产。勒菲弗指出，空间是历史和社会的产物，是社会生活的中介和结果。它同时具备精神和物质属性。如果没有空间，社会关系不可能真正存在。这是一种辩证关系，一种交互式的关系，人们在塑造空间的同时也被空间塑造。勒菲弗对空间的分析主要包含三重含义，即空间的实践、空间的再现和再现的空间。首先是空间的实践，它关注的是物质生活的生产、再生产，其中包括人们的日常生活和社会活动。空间实践通过创造空间形式为不同的生产和再生产行为提供场所和意义。它同时是一个实体空间和运动空间。第二重含义是空间的再现，它是一种知识的形式，它提供人们对空间的不同理解，并使空间实践成为可能。空间的再现关联到人们在运用知识对空间的抽象理解时的意识编码。因此，空间再现呈现的是一种关于空间的语言符号系统的构建。在空间再现中，人们对空间的感知是概念性的。最后是再现的空间，在这里，空间可以被发明和想象。它们同时是体验的空间和想象的空间。再现的空间关注的是对符号和图像的体验。它的功能是在现实中界定行为的可能性。这三重概念把空间界定为一个既可述，又可见；既是意识性的，又是无意识性的；既是真实的，又是想象的东西。这样一来，空间所具有的这些空间属性就被同置于一个更加综合的范围内。空间的再现和再现的空间为空间的实践提供了概念上的和形象上的可操作性。它们在复杂的历史—地理关系中并非各自独立存在，相反，它们总是和社会实践紧密结合的。真实空间和空间属性总是通过这三重关系在历史中被建构起来的。按照勒菲弗所言，每一个时代都有各自对空间的理解和相应的空间经验。这里提及的每一种空间的类型都具备着前者的痕迹，也同时蕴含着后者的潜力，它们在不同时期的产生与发展形成了复杂的、历史性的社会空间地图。

几乎是同一时期，哲学家米歇尔·福柯（Michel Foucault）也对社会的空间问题做了深入地探讨。福柯追踪了空间在西方经验中的历史。他认为，中世纪的空间是一种层级性的地点整体，他称之为“定位空间”，这种空间是由一个完整的层级、对立与地点的交错构成的，其特点是“地方化”；这个定位空间被伽利略打破。从伽利略以及17世纪起，延展取代了地方化。而今天，场地又取代了本来替代定位的延伸。这里所说的场地，相当于网络中的节点。人们生活在一组关系中，这些关系描绘了不同的场地，而它们不能彼此化约，也不能相互叠合。这种异质的空间，构成了与工业化同质空间的区别。

福柯还在对疯狂、文明、权力、压抑等关键问题的探讨中对空间在社会中的功能和运作方式、空间的策略、网络和机制等方面有深入研究。福柯认为，空间是权力得以实施的场所。他在论述权力空间时，曾描述了英国功利主义思想家边沁（Jeremy Bentham）提倡的全景式监狱。这种监狱是环形结构的，监视塔在圆心，统治者的视线可以从这点散发到监狱的任何一个角落。即社会权力试图通过把空间转化为一个集中的统治性视点渗透到制度化的网络中。在这种“全景”的权力技术构成了现代社会的监视体系观念之后，每一个人都变成了监视者和自我监视者。日益现代的监视操作模式表现出对空间的重视。想象的文化监视和凝视空间要求建立的透明度和可视性。

权力可以通过这种简单的模式得以实施，即在一种集体匿名的凝视中，人们被看被凝视。现代权力形式会尽可能设定一种渗透诸多领域的方式，即通过透明的达成权力的方式和各种细微的监视方式来实现权力的控制和压抑。因此，"凝视"就成为一种权力话语，一种意识形态压抑，一种权力摄控的象征。而社会空间就是在这种权力程序扩张的过程中被组织起来的。空间的组织方式可以确保权力畅通无阻，从整个社会机体直到社会最小的组织部分，这使得整个社会的大权力得以巩固。所以，当把握了全部复杂的权力运作方式以后，就可以对区域性的、国家机器的，甚至不同民族国家的文化进行分析。在现实中，权力的实施和分析可能涉及更多的问题，穿越更细微的管道和空间，而成为传播更广泛的复杂工具。

在对空间和社会的研究中，与福柯和勒菲弗形成参照的是另一位法国思想家德塞都（Michel Certeau）。德塞都部分地继承了勒菲弗和情境主义国际（Situationist International）的思想，他认为勒菲弗和情境主义者对日常生活的分析并不成功。同时，尽管德塞都也承认现代社会的规训制度有效地监视和控制了异质性实践，但是他认为这些技术的存在并不能保证其内部是连贯一致的，能自然而然地消除他者性的存在。由此可见，与福柯相反，德塞都探索的是反规训的道路，去理解那些沉默的不被认可的抵抗形式。因此，德塞都论述的空间也是与制度化空间相对的个人创造的日常生活空间。消费者通过采用流通的、非正式化的实践来进行创造性的生产。这些实践利用统治精英所提供的空间和场所，改写了原来的脚本，把社会中原本包含着的符号的、制度化的空间改造为很不相同的东西。这种日常生活空间的产生主要通过两种方式来创造，一是人们运用日常的语言和文化来破坏占统治地位的权力体系，创造新的空间；其次是步行。德塞都认为，步行将会创造窥视、观察的机会，扰乱和打碎稳定的城市秩序。步行开辟了新的空间，能创造故事，并把街道号码和建筑以及意义焊接在一起。更重要的是，步行使窥视者得以从城市的管辖中创造他们自己的空间和意义。步行在城市中，人和周围世界之间是相互作用的，他就在世界之中，或者更准确地说，他占用了城市空间，在空间中的移动模糊了空间的界限，并创造了属于自己的故事。这种对空间的占用，可以改写覆盖在特定空间之上的权力符号。诗人查尔斯・波德莱尔（Charles Baudelaire）描述的 19 世纪巴黎街头的散步者（Flaneur），或者是建筑理论家伊恩・波德莱尔（Iain Borden）的城市滑板者都可以被理解为德塞都所说的新的空间的创造。因为都是通过人的身体实现对空间的占有而实施的策略。

社会学家对空间的探讨在 20 世纪晚期全球化现象出现时进入了一个新的阶段。全球化在当前被普遍标识为一个"新的时代"，而在当代社会学理论中，时间与空间却越来越被视为相对的，并被认为是渗透于社会行为过程中的关键因素。像戴维・哈维（David Harvey）、安东尼・吉登斯（Anthony Giddens）、卡斯特（M Castells）和鲍曼（G Bauman）等社会学家，都十分强调时间、空间与社会过程的内在关联。20 世纪晚期，伴随着先进的传播和运输技术的发展、分配过程不断增加的合理性，以及加速通货运行的世界范围的货币市场的形成等因素的作用，资本主义已经真正地成为一种全球性的抽象。将全球化与时间空间转变联系起来，成为社会学发展的一个重要趋势。其中以哈维的“时空压缩”和吉斯登的“时空升延”论述最为典型。

哈维被认为是较多地继承了勒菲弗的空间理论。哈维同样认为空间与时间的概念是被社会地建构起来的，不同的社会制造了性质有所不同的空间与时间概念。每个社会建构的空间和时间概念都符合物质与社会再生产的需求和目的，并且根据这些概念来组织物质实践。社会一旦发生了变化或成长，相应地，其空间与时间概念就必须改变，以容纳社会再生产的新的物质实践。这种改变既可以是内生的，也可能是外部强加的。哈维认为，现代性改变了时间和空间的表现形式，并进而改变了我们经历与理解时间和空间的方式。现代主义促进了时间与空间的压缩，而且这个过程在后现代时期已被大大加速，从而导致时空压缩的强化阶段。强大的发明潮流集中聚焦在加速和快速的周转时间上。决策的时间范围缩短了，而且生活方式的风尚变化迅速。这一切伴随着空间关系的激烈重组、空间障碍的进一步消除，一个资本主义发展的新地理形势开始浮现。这些事件，引发了强烈的时空压缩的感受，影响了文化和政治生活的每个方面。

安东尼·吉登斯指出大多数社会分析学者仅仅将时间和空间看作是行动的环境，并不假思索地接受视时间为一种可以测量的钟表时间的观念，而这种观念只不过是现代西方文化特有的产物。除了近年来一些地理学家的著作之外，社会科学家一直未能围绕社会系统在时空延伸方面的构成方式来建构他们的社会思想。因此，吉登斯在建构他的结构化理论时，把时空看作是社会现实的建构性因素，他强调：“社会系统的时空构成恰恰是社会理论的核心”（《社会结构》）。吉登斯认为，在今天，现代性与全球化联手改变了我们对时间和空间的认知。他强调，理解现代性的关键之一，便是认识时间—空间的伸延和分离。现代社会不仅使时间与空间分离，而且也使空间与场所分离。由于邮件通信、电报电话、互联网等科技和社会组织方式的推动，人类的生活方式发生了巨大的变迁，在场的东西的直接作用越来越被在时空意义上缺场的东西所取代。换而言之，时间与空间的无限延伸，导致社会被不断地重组。

在吉登斯的《社会结构》出版的同一年（1984 年），比尔·希列尔和朱莉安·汉森出版了《空间的社会逻辑》一书。因此，可以说是同一时间，他们把空间带入了社会学研究的中心位置。而这也成为空间句法研究的切入点。希列尔和汉森认为，许多社会学家在研究社会问题时，由于忽略了空间的问题而使得很多社会问题在本质上没有得到解决。例如，什么是社会？社会生活的个体性和社会的整体性之间有什么关系？社会和城市中的空间有对应关系吗？所以，希列尔和汉森认为，只有把空间的问题作为研究社会问题的核心时，以上的问题才可以以一种正确的方式来提出和解决。困扰社会学家的是，当他们研究社会问题时，一般是从社会现象入手分析，这些社会现象包括在时间和空间中发生的事件、人的行为，或者是场所的特质等一些经验性的事物。那么，是否可以认为社会是这些个别的经验性事物的简单积累呢？以往的社会学家对此有两种看法，一是认为社会可以被看作是个体行为的集合，如乔治·荷曼斯（George Homans）。另一种看法认为社会是真实存在的一个超越个体存在的组织，如赫伯特·斯班瑟（Herbert Spencer）。斯班瑟认为，社会是一个和生物组织有区别的非连续的离散组织，社会不同部分的凝聚力是交流。它是生长和变化中不断地再造自身的。那么，现在的问题是社会如何既是不断变化的又是以一个真实事物的形式存在的呢？希列尔和汉森指出：事物的存在是因为事物在一定的时间范围内具有相对稳定的关系，因此，个体的活动是随机的，但是它们的总体关系是相对稳定的。如果继续追问，社会组织中什么是相对稳定的因素呢？这既不是个体本身，又不是个体之间的交流，而是让交流得以发生的某些关系性模式。这些关系模式会以不同的形式在社会中出现，如生产的形式或社会机构的形式等。希列尔和汉森认为，空间也作为其中的一种社会形式的关系性模式来产生和限制人们交流的可能性。从这个意义上而言，空间的形成就包含了社会的因素。也就是说，空间是内在社会性的。

在另一个层面上，希列尔和汉森试图从空间的角度去研究社会和空间的关系。换言之，即探索社会是否把社会形式赋予空间，以及如何或以何种方式把形式赋予空间。以往的理论家在这个问题上也有两种看法：一是认为社会的生产或经济和城市空间形式没有逻辑上的联系；另一种看法认为社会和城市空间有非常紧密的关系，虽然无法确切地描述这样的关系。从人类社会发展的事实证明，社会和空间是密切相关的。当从封建社会向资本主义社会或工业社会发展时，人们工作生活的环境和空间就有过巨大的变化。那么，空间到底是恒定的还是变化的呢？传统理论认为空间是恒定的。例如奥斯卡·纽曼（Oscar Newman）就在他的“领域”理论中提出，人造空间源于普遍的生理冲动所决定的领域，而个体领域可以扩展为群体领域。因此，个体或社会群体所认知和使用的空间都是恒定的。希列尔和汉森指出，领域理论尝试把空间秩序置于个别生理主体上。他们多注重建立一个主体思维里的空间模式，而没有一个整体的空间模式。因此，这些研究多把空间秩序建立在内在思维的基础上，而非外在的物质环境上。所以，希列尔和汉森提出空间不仅仅是传统理论中的生理恒定性的，而且同时也是社会的多态性的统一。这种空间的社会多态性在不同的社会以 3 种不同的方式呈现，包括空间的物理形式、空间的结构序列，以及社会赋予空间意义的程度。从这个意义上而言，社会的发展也蕴含了空间的因素于其中，因此也说明了社会是内在空间性的。

空间句法理论建立了研究空间—社会关系的理论和方法。它首先建立了一个可以从内部关系研究空间和社会的概念模式。其次，它解决了普遍模式与具体形态差异的矛盾问题，并建立了一种把空间秩序作为对随机行为的限定模式的分析方法。在这个

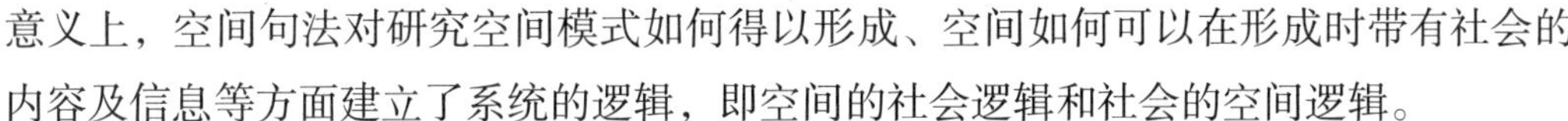

意义上，空间句法对研究空间模式如何得以形成、空间如何可以在形成时带有社会的内容及信息等方面建立了系统的逻辑，即空间的社会逻辑和社会的空间逻辑。

2.1.3 空间与语言的关系

空间和语言关系的研究是随着西方19世纪中叶开始的语言转向展开的。技术的发展使人对自然的直接经验和知识形式被符号编码的知识所覆盖，自然实体和事物就会被符号编码系统所遮蔽。因此，文化的贯穿性主题即人怎样和如何本真地与现实相关的方向发生了改变。语言或符号取代了直接现实，人所面临和拥有的只有语言和符号。语言转向的发展可归结为3个主要路径：首先，沿德国的浪漫派到尼采，到法国象征主义，再到卡西尔（Ernst Cassirer）和海德格尔后期所发展出的存在与语言之源初同一性的语言观；其次是索绪尔（Ferdinand de Saussure）所开创的结构主义语言观；第三是逻辑实证主义的逻辑分析语言观。从这3种不同的思路来看，它们之间虽有诸多差异，但共同的思想倾向是首先把语言和思想置于认识的基础地位，人们不是先有思想和认识，再用语言表达。相反，是语言规定了人们的认识和思想。其次，语言有其独立自足的形式和结构，它是独立于思想和认识的，同时也是独立于对象的。不是事物的存在决定语言，而是语言构成了事物的存在。

卡西尔认为，人们对空间的认识并非从对空间的直接体验而获得，而是通过“思”的方式去把握。但“思”并不是实在本身，而是一种功能，其目的就是将特殊事物归结到一个一般法则和序列。这就是说，人的精神中有一种符号化能力，即赋予事物形式的能力；这种赋形能力不是理性的，而是本元的、前理性的；这种能力也不是固定的、可以用来套用的东西，它只是一种功能性的、意向性的存在，它只在把握事物的过程中呈现出来。海德格尔在后期的理论中更是把语言作为存在之家，他已经把语言等同于存在。与卡西尔相比，海德格尔把人的主体位置让给语言，而卡西尔认为语言是主体的表现性符号。

在建筑学领域，许多建筑理论家也把城市或者建筑作为一种语言来研究。

建筑理论家克里斯托弗·亚历山大（Christophor Alexander）提出253种建筑与城市的空间模式。他在《建筑模式语言：城镇·建筑·构造》一书中，通过归类，以具体的典型形态及总体关系来说明建筑和城市的本质，从而试图把建筑作为一种语言来进行操作。在乔治·贝尔特（George Baird）和查尔斯·詹克斯合著的《建筑中的含意》（Meaning in Architecture）一书中，论述了符号学的理论，并将它应用到建筑学领域。他们为，建筑不是单纯的建筑物或者结构体，而是具有意义的人工产品和事件。因此，建筑从整体上而言是一种语言，而个别的作品则是说话的行为，也就是言语。建筑是可以被阅读的文本，建筑语言是可以被理解并且被感知的一种表达系统，而作为语言的作品则包含在这个表达系统内有意识选择的可能性中。罗伯·克里尔（Rob Krier）也从形态学的意义上进行了建筑语言的探索。在《城镇空间：传统城市主义的当代诠释》

（Town Spaces）一书中，克里尔也以归类的方式研究了城市空间与建筑的延续性，并重新建立了建筑与公共领域、实体与空间之间的辩证关系。在书中，他列举了道路与广场交汇的不同情况，总结出了不同数量的空间形式，包括角度、尺寸、基本形、变体和组合方式等。建筑理论家罗杰·斯克鲁登（Roger Scruton）也论述了建筑学的语言问题，他认为建筑学类似于语言。作为语言就会有语法和意向，但却不能简单地把建筑艺术看作是“象征主义”或“表意”的形式。建筑还表现为一种句法，建筑的各个部分以一种有意义的方法组合起来，建筑的整体含义又将反映和依靠各部分组合的方式。意大利建筑学家布鲁诺·塞维（Bruno Zevi）在《现代建筑语言》（The Modern Language of Architecture）一书中总结了现代建筑语言的基本法则。他认为现在建筑语言相对于古典建筑语言来说是反义词、反语法和反句法。因此，提出了 7 项建筑学现代语言的普遍原则，包括基本原则、构图、透视、四维分解、工程技术、时空连续和城市景观。建筑理论家查尔斯·詹克斯作为后现代建筑理论的代言人也在 1980 年代继续推动了建筑语言学的发展。詹克斯认为建筑是具有意指作用和语义的文本，形式作为一种符号，在操纵着它的性质。当建筑的形式发生变化时，其意指也会随之而改变。他在《后现代建筑语言》一书中更为直接地把语言学和符号学的概念引入了建筑学。他把诸如象征、隐喻、信码、词汇、句法等概念作为建筑语言的基本构成要素来探讨后现代建筑的模糊性和矛盾性。伯纳德·屈米（Bernard Tschumi）也在 1970 年代提出建筑物是纯粹的语言，建筑学则是语法和句法对建筑符号进行组织和操作的总称。

语言转向的另一个方向是结构主义语言观。其开创者是结构语言学家索绪尔，以及后来的爱德华·萨佩尔（Edward Sapir）、诺姆·乔姆斯基（Noam Chomsky）和让·皮亚杰（Jean Piaget）等。结构主义思潮体现在把现代结构语言学在语言中所揭示的语言结构模式和分析方法扩展到其他领域，尤其是艺术、人文和社会领域等方面。这其中包含了几点基本思想：首先，语言学是整个符号学的基础。语言学所揭示的语言模式可以普遍地沿用非语言的其他领域。语言学为其他符号学提供了方法论的基础。其次，整个社会—文化现象并非是简单的物质性的客体或事件，而是符号性的，是由符号系统构成的。这些符号系统类似于语言系统，它们的本质由一个内部关系与外部关系所构成的结构系统来界定。再次，人类的行为或产物要具有意义则必须被置于一套使这一意义成为可能的系统。人的行为和产物的意义是由一套基本的规则系统来决定的，这些规则与其说是调整行为，不如说是它创造行为的具体形式的各种可能性。最后，结构主义意味着将结构置于首要和优先地位，它取代传统的本体和现代性自我/主体而成为产生意义的本源。总而言之，任何事物或文本都有一个与其响应的结构系统，根据这个系统，人们可以用有限的逻辑前提对其中的过程意义产生的模式进行分析和描述。

结构主义语言学的方法论在文学、人类学、叙述学都得到广泛地运用。其中，结构主义人类学对后来空间句法理论的形成有启发性作用。结构人类学家劳德·列维—斯特劳斯（Claude Levi-Strauss）吸收了结构语言学的方法，并结合了实证社会学、弗洛伊德以及马克思主义思想，把这种语言模式推广到人类活动的任何一个领域，揭示这些领域各自在起作用的深层或隐蔽的类似于语言模式的结构，并解读这种结构中的句法、符号的配置原则，以及人类怎样在这些句法结构下活动和建立意义的。他认为，人类学探索的中心是人类的各种关系，而这些关系同语言一样，具有内部的结构模式，每一个领域的运作都是受这一结构模式支配的。人类文化的普遍性不是表面事实上的，而是只有在结构意义上才成为可能。在对人类活动的研究中，结构人类学通过对空间客观清晰的外在分析来剖析社会的、精神的过程。

在建筑学领域，荷兰结构主义建筑师阿尔多·范·艾克（Alto Van Eyck）把劳德·列维—斯特劳斯的方法运用到研究城市和建筑的生成结构方面。他指出，城市与建筑的网络结构关系是整体与部分的关系，由此形成城市的意义，从而构成了结构主义的建筑语言规则。另一位结构主义建筑师赫尔曼·赫茨伯格（Herman Hertzberger）认为，每一个句子因构成句子的词汇而产生意义，同时，每一个词又因为作为整体的句子的一个部分而产生意义。因此，每一个好的建筑设计都有一个统一独特的主题作为背景，并和具体的词汇、材料、建筑手法共同构成一个整体。

另外，列维—斯特劳斯在对人类学的研究过程中，从弗洛伊德、杜克海默（Durkheim）、马塞尔·莫斯（Mauss）和马克思那里发现了将语言模式扩展到其他非语言领域的潜力。杜克海默和莫斯的实证社会学使他们重视制定语言活动背后的潜意识心理结构；而弗洛伊德对潜意识的揭示使他认识到潜意识心理结构的巨大支配力。值得注意的是，他认为，杜克海默和莫斯首先将空间的可变性作为理解不同社会结构的重要因素；但遗憾的是，他们并没有把空间的组合关系和社会生活的不同形式联系起来。因此他认为，在空间组合和社会活动之间的关系还很不明确，需要进一步研究。而这也成为后来空间句法理论提出的起点。

空间句法创始人比尔·希列尔也曾说到结构人类学的一些研究对空间句法中界定空间研究的方向性指导。他认为，结构主义人类学通过对空间客观清晰的外在分析来研究社会的或是精神的发展过程。他从空间入手进行分析，因此分析出的社会现象不仅从物质的结构上，还从空间的秩序上反映了文化的维度。但他又指出，结构人类学家的不足之处在于，他们对空间的研究是从外部入手的。这种研究的方法既没有把空间作为一个整体系统来理解，又没有从空间自身出发来理解社会。他们仅通过有限的事例把空间秩序的识别性作为空间结构里的社会组织的烙印。尽管如此，希列尔还是认为，人类学家对空间的研究提供了一些方向性的指导。首先，把空间界定为一个自足的系统，而不是其他东西的副产品。其次，空间包括广泛和基本的形态类型，而不仅仅是存在于单独的个案中。最后，空间可以通过不同的类型以适应不同的社会系统。

语言转向的第三个方向是逻辑实证主义的逻辑分析语言观。这种哲学的目的是力求在语言层面上建立一种能够进行科学的、类似于数学一样的事实陈述逻辑。此哲学后来在维特根斯坦（Ludwig Wittgenstein）的引导下，发展出了对词语使用进行分析的哲学，即语言分析学。这次转向由弗雷格（Gottlob Frege）开始，是由卡尔纳普（Rudolf Carnap）和维特根斯坦发展的。他们认为，哲学不过是科学的逻辑，哲学应力图在语言表达的层面上建立这样的逻辑，因此，任何在经验中不能被验证的命题都应该被排斥掉。可以看出，分析哲学所提出的理论都是对以柏拉图超验形式理论为基础的二元论的冲击。在维特根斯坦看来，语言是思想的表达，而思想又是经验事实的逻辑图像。因此，语言与经验事实之间有一种先天的逻辑对应关系。他提出的“范式论据”和“概念的多态性”以及后来的“语言游戏”“家族相似”等概念都试图进行对本质的释义、对概念和范畴的消解。可以认为，这种深刻的思想在后来人们对二元论的反思中具有很大影响。科学哲学家卡尔·波普尔（Karl Popper）虽然在哲学见解上没有维特根斯坦那么极端，但也在二元论基础上提出了第三个世界的理论。波普尔对二元论的疑惑是：二元论把绝对理性的抽象置于非物质的思想中，并把世界降到纯粹物质性的领域，那么我们的思想如何从物质世界获得和理性世界相吻合的知识呢？波普尔认为在物质和思想世界外还存在第三个世界，他称之为真实的抽象世界。他把诸如语言、数学、艺术等作为一个客观逻辑的内容纳入到第三个世界中，并认为这个世界的作用是让主观世界和物质世界进行交流。

波普尔的第三个世界的理论与空间句法理论有相似之处。空间句法认为空间可以被定义为一系列相互依赖的关系，因此，空间可以被理解为具有客观的逻辑内容的组构（configuration，或称构型），这种看法让人们认识到建筑不仅仅是作为物体存在于物质世界中的，同时存在着能被理解的客观逻辑的内容（空间关系）。换而言之，空间关系作为如同语言的作用，调和着抽象的理性空间和感知的物质世界空间的关系。依照这种看法，空间句法理论认为在除却物质和意识的特征之外，空间还具有另一种非常重要的特质，即真实的抽象性。那么空间和语言之间到底有什么关系呢？空间句法理论认为语言可以从两方面来说是具有空间性的。首先，语言被空间性的术语所渗透，因为通常描述空间关系的词形成了语言的意指基础，英语中的介词就是非常典型的例子。其次，空间句法认为语言很难能够精确地表达三个以上物体之间的关系。其次，空间句法理论认为可以从更深的一个层面来理解语言是具有空间性的，因为它是从空间的角度出发被创造出来的，即希列尔所说的客观的主体——一个假设于某一特定时间和空间内的一般意义上的个体。例如，当我们说“树”的时候是说一棵具体的树，但树这个词本身却是一个抽象的分类概念。这说明语言是一个告诉我们这个世界是如何被空间性地组织进一个有规律的分类系统的。从另一个方面说，空间也是语言性的。希列尔从列维–斯特劳斯的结构主义人类学中得到了启发。他认为，空间组构如同语言一般，是以一个整体共时性地存在于人的思维中的；人们对空间的经验也如同语言一般，是个体的历时性的，但却同时可以在抽象的思维层面获得对空间的整体性、共时性的图像。

空间句法从空间和语言的内在关系切入，并从组构的角度出发来处理空间的复杂性，将空间解析为不同空间之间关系的组合，以此折射出在语言中所寻找到的更为基本的空间解读，这种处于直觉层面的方法超越了语言学词类中简单的语言的空间术语和概念。它使无法被语言表达的空间的知识可以被人们通过直觉而从环境中获得的一种空间结构关系来得以呈现。

2.2 空间句法基本理论

根据希列尔的论述，空间句法的核心理论由以下 3 个方面构成：其一，建成空间体系虽然都是出于某种“功能目的”而被人们创造出来的，但这些系统一旦形成，如说某一大型建筑物或一个城区、聚落，该空间形态本身在某种程度上会获得类似自然界所具有的那种“自在”或“自律”（autonomous）的特性。其二，建成空间体系是在社会经济活动过程中产生，并从其生成的瞬间即具有了某种社会属性。简而言之，我们通常所说的建筑和聚落建成环境的“社会属性”以及其他的相关质量，并不完全是我们用“贴功能标签”的方式主观贴上去的，而是与特定空间形态有着内在、固有的社会效应，或者说质量。希列尔将其定义为社会与空间形态两者关系的三条定律（Hillier，1985，1989）。

以希列尔（1985，2006）的解释，空间句法从一个直觉入手，认为物质聚落与经济、社会聚落之间的纽带是空间，更精确的说，是空间的组构（configuration，或称构型），也即街道和道路的网络以及所有在此基础上附加的空间。它们把聚集的建筑物连接成一个统一的系统。街道系统不仅仅是地点之间的一系列通路（像它经常被认为的那样），它还是聚落生活最大和最明显的全局性实体（图 2-1 ~图 2-3）。遗憾的是，在城乡聚落研究的历史上，它被相对忽略了。空间句法所做的是，把街道（街巷）网放到研究的中心，学习分析它的不同形式。通过这种方法，可发现一种有规律的现象，改变我们对聚落的理解：街道网的结构本身即是一个对运动模式的决定性因素。这里的结构是指，通过网络的几何学形式的拓扑学连接，某些街道将比其他街道更具可达性，于是具有成为目的地的更大潜力，而另一些街道将更多地作为网络中起点和目的地之间的通过路线。两种潜力都可以应用网络结构的数学分析来定量。网络—运动的联系会带来其他的后果。因为不同的土地利用对接近或远离人流有不同的需求，街道网通过它对运动的影响，同样能塑造土地利用模式。譬如零售这种需要人流的土地利用类型，自然地会移到街道网中富有人流的地点；而像居住这种类型，则会移到街道网中人流运动较少的地点。在增

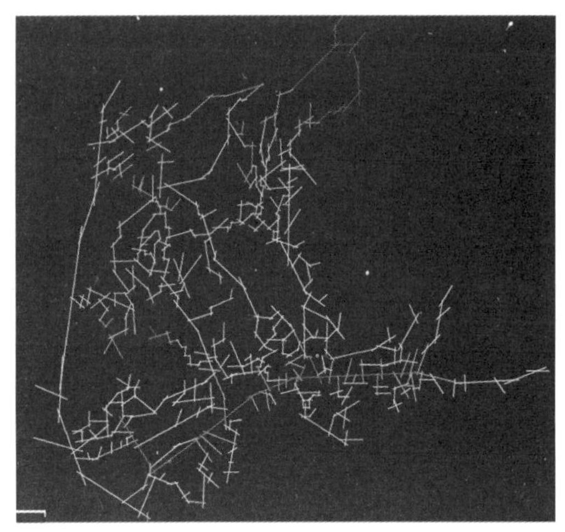

图 2-1　乡村空间网络

图 2-2　城镇空间网络

效反馈作用下，网络—运动的联系形成了一个空间过程，导致其形成富有多样性的地点类型。并且，不同类型的地点间通常非常接近，从而形成了世界上有机聚落（尤其城市）的特点。这是关于聚落功能的理论。

同时，通过空间句法也可揭示聚落网格的形成以及它为土地利用过程提供多样性潜力的过程。句法解释了另一规律性现象：在外部空间内放置单个的或是组合的物体，能在外部空间中通过明确的数学规律创造结构，并反过来产生可以塑造运动的空间结构。有证据显示，人们会用直觉去感受这些规律，就如我们能够感知物理的定律一样。这些通过在空间中放置物体而创造的不同空间潜力，能被用来最大化、最小化或是调整人们在空间中通过运动形成的自然的共同在场。运用这些规律，探索建筑形式聚集形成聚落空间结构的过程，可以发现：首先，这些作用是由认知因素所塑造的，人们以他们能够理解的方式建造空间。其次，可发现经济和社会过程用不同的方式塑造聚落，经济过程通过创造普遍的大规模空间结构和局部的战略中心和次级中心回应对最大化共同在场和可达性的需求，而社会过程则通过塑造背景住宅区（城市更大比例的组成部分）或居民区（乡村的主要组成部分），在文化模式意象中控制和构造

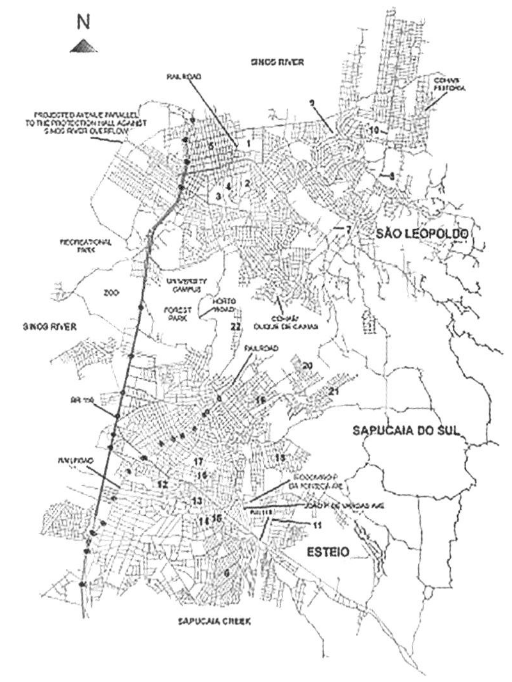

图 2-3　城镇群空间网络

共同在场。如此，可发现聚落有一个双重结构。一方面，空间的主要结构反映了微观经济的活动，因此具有一些普遍性（因为我们都以同样的方式贸易）；另一方面，背景空间反映了地域、国家或是种族的特异性的文化因素（因为我们的文化是不同的）。这就是为什么聚落在某些感觉上具有普遍性，但在另一些感觉上具有地域性类型特征的原因。但所有这一切发生在由人对空间的认知所限定的可能性范围内，于是聚落被证明是普遍性的人类的产物，也是经济和社会的产物，所有的都在空间规律所限定的范围框架之内。

空间句法使一个自组织聚落（城市、乡村）理论成为可能，在其中，聚落的结构和功能通过交互作用，从人类生活的模式中涌现出来。如此，它打开了一片聚落研究的新视野。通过运用我们不断增长的关于聚落塑造过程如何产生空间的知识，可以把规划设计看成促进和引导这些过程的方式，而不是“终结状态”的规划，这样可以使我们有意识地干预与事物的自然过程相联系。语法模型同样可以应用于聚落研究和设计中，因此，同传统的聚落研究相比，空间句法更能促进研究和设计的整合。在这个意义上，空间句法提供了一种聚落研究的新范式。

2.3 空间句法数理基础及其核心组构

空间句法研究提示人们需要抛弃那种认为空间是作为实体的背景的想法，而尝试着去想象空间不是人类活动的背景，而是人类活动的一个本质方面（图 2-4）：即人在空间中运动；人在空间中和其他人交往；甚至看待所谓的背景空间具有一个自然的、必然的空间几何形态。这个几何形态表现为如下几点：运动本质上是线性的；交往需要在一个凸空间内进行，这样所有的人才能看到其他人；人们从空间的任意一点向四周望出，都能形成一个（尽可能大的）形状自由的（无障碍）视觉空间，并将其称之为无障碍视域空间（Isovist），而且，当人们在建筑和聚落的复杂空间中行进时，这些无障碍视域空间会逐步叠加起来，在不知不觉间形成了对整个空间的全面的几何印象。

图 2-4 无障碍视域空间——空间并非人类活动的背景，而是这些活动的内在本质

以上诸几何概念描述了人们如何使用或者体验空间的某个方面，这就导致如何创造建筑物和聚落，如何使用它们，以及如何理解它们等问题的关键即在建筑物和聚落是如何按照这些几何概念组织起来的。譬如聚落中的空间大部分是线性的，包括街道、林荫干道、林荫路、小巷等，聚落也包括一些称之为广场或公共开放空间的凸空间，并且，所有这些空间的功能都受到它们的无障碍视域空间特征的强烈影响。因此，这几种几何语言构造出聚落的空间语言，并能够反映人类活动和体验。

人类空间不仅仅是指个别空间属性，而是指很多空间之间的相互关联，它们构成了整个建筑或者整体聚落的空间布局，这称之为空间的“组构”（Configuration）或“构型”“组织构成”。“组构”是空间句法的核心概念（希列尔，1996，1998），其字面意义根据美国传统辞典的解释为“轮廓由其各部分或元素配置决定的外形”。早在《空间是机器——建筑组构理论》（1996）一书的开篇中，希列尔教授便提及此概念，他将其定义为“一组相互独立的关系系统，且其中每一关系都决定于其他所有的关系。”因此，改变系统中一个元素的组构，即会改变很多其他元素，很可能是其他所有元素的组构属性；继而使整个系统的组构发生变化。组构是一种普遍存在的现象，是很多有形的物质形态，甚至是语言等非物质形态，当我们将其作为关系系统看待时，都会发现其组构的存在。

就数学理论而言，空间句法试图用数学公式去阐明人们直观感觉中的空间组构的特征，就像我们用建筑物和聚落构筑空间形态一样。可以认为，空间句法是通过研究真实的空间去重新构筑人类的空间语言，就像语言学家试图通过研究语言本身来理解自然语言的法则一样。在空间句法中，组构不是简单地把两两空间之间的关联合计在一起，而是试图给出一张关系图解来概括整体的复杂关联是如何相互影响的。

当人们从空间布局的不同位置来观察一个空间布局的时候，它不仅仅看上去是不同的，而且它本身就是不同的，这是理解组构或构型的关键。以建筑为例，聚落空间的连接可以此推演，图 2-5a 清楚地表达了组构的概念，图中每个圆圈表示一个房间，每条线表示一扇门，分别从空间 5 和空间 10 出发来描绘一张标准图，以此表示它们的空间模式。图 2-5b 所示，从空间 5 和空间 10 出发的两张图看上去是完全不同的：虽然两张图描绘的是同一个空间布局，但是空间 5 距其他房间相对近些，被称为图浅；空间 10 距其他房间要相对远些，被称为图深。虽然这两张图不同，但空间句法的研究

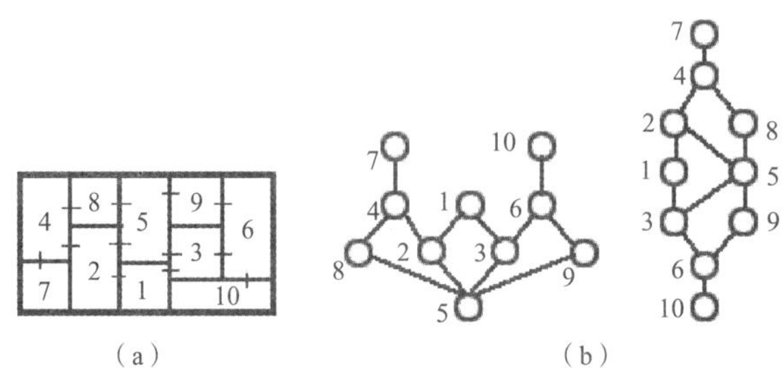

图 2-5　同一空间布局的两种关系图解

认为它们都给出了从那个特定空间来看待整体空间的图示，因此它们表达的都是这个空间布局的真实状态。

根据这些图的形状可以给每一个空间赋予数值，即是一个人从每个空间到其他所有空间所需要穿过的空间的数量。这个数值会随着得到图的深浅而发生变化。如果从一个空间出发得到的图浅，便称之为整合（Integration），如空间 5；如果得到的图深，便称之为隔绝（Isolation），如空间 10。因此，空间句法根据一个空间和其他所有空间的关联来定量地描述这个空间，这样的度量即是“组构”或“构型”。空间句法就是运用组构来度量那些由建筑和聚落构筑的不同的空间几何图形模式。至于选择线，还是选择凸空间，抑或无障碍视域空间，甚至还是一个点来作为分析的元素，取决于需要研究哪些功能。如果试图研究聚落交通组织，那么线的表示法最为有效。

2.4 空间句法对聚落的总体解释

综上，空间句法是一种结构主义的分析方法，它通过对包括建筑、聚落以及景观在内的人居空间结构的量化描述，来研究影响人类活动的各种空间组成。句法基于建筑与聚落形态本身特有的空间形态组织逻辑，配合运用相关的程序软件（UCL-depthmap、Axwoman、Mindwalk、Confeego 等）进行句法量化分析，以表现深藏于建筑与聚落形态背后的深层句法特征。简而言之，空间句法即是表述空间组构或构型的工具，是量化地描述和评价空间形态的理论与方法。

在理解聚落方面，空间句法是新兴的网络科学的一个分支。过去大多数关于聚落的科学研究没有把聚落中最明显的路网（街巷系统）作为研究的主体。然而，正是路网把建筑物联系在一起，从而形成了一个完整的系统：当你俯瞰聚落时，这即是你看到的那个系统；当你在聚落中行走或者开车时，这就是你所依靠的用来识路的系统。从这个意义上来说，路网即是聚落的物质空间和空间体验之间的结合点。空间句法以开创性的角度来研究这个重要的网络，以此来研究如下几个问题，即聚落是如何按空间的方式构成的？它是如何运转的？以及它是如何生长和变迁的？

也就是说，句法式的聚落研究将空间看成网络，以此揭示聚落空间结构和功能的关系，空间网络的组构是自然而然地影响人的流动的根本动力。在影响人的流动的同时，组构也塑造了人们聚集和分散的模式，进而影响土地使用模式。这个观点不仅有助于我们理解好的聚落是人文、社会及物质的综合体，而且正如越来越多的证据所显示：这个观点将会深刻地影响我们思考以及设计聚落的方式。具体在聚落空间形态研究中，强调要把握聚落整体的空间形态网络组构对局部的影响和它们在不同尺度上的动态联系，而不是仅仅局限于聚落本身的静态空间形态；聚落建筑物与聚集和内在的数学法则能够形成聚落空间形态网络，而这些社会构成和活动反过来影响和决定聚落建筑物聚集过程和聚落空间形态网络的演变，这是一个动态过程。

聚落通过组构来传递文化和社会关系，这种传递是在聚落的建造中无意识完成的，这是一种文化自为，是对积淀在人们心目中的文化空间和社会关系实体形态的复制。根据结构主义观点，聚落空间之间的相互关系决定了聚落环境的结构，这一拓扑结构是建筑空间组织的基础。因此，对建筑及聚落空间的分析可以抽象为一个拓扑学的问题。空间句法即是通过对聚落空间形态组织的拓扑结构进行分析，结合相关的程序软件进行句法量化解析，以呈现潜藏于聚落表层空间形态背后的空间组织关系。且需要强调的是，空间句法认为聚落不仅仅包含物体，更包含由物体围合出的空间，而空间产生了建筑与聚落的功能及其社会意义，人们通过空间的秩序和组合结构来认识社会，也就是说，空间被认为是物质聚落形式和人的社会活动之间的媒介。这是由于聚落物质形式和聚落空间构成了图—底关系，聚落空间可近似代表聚落形式；而人的社会活动都是在空间中进行的；聚落物质形式通过空间限定了人的活动，人也可以根据自己的需求改变物质形式从而导致空间的变化。

2.5 本章小结

空间句法从来都不仅仅是一个单纯解决设计问题的技术工具。相反，它是研究聚落如何建构与运作之间的关系。句法理论认为，对于聚落空间形态可以如此理解：一方面，聚落空间遵循传统定势的模式，通过对自身的分隔，以此来建构和保持已有的社会关系和状态；另一方面，聚落空间遵循创造的模式，通过对自身的整合，促进人们聚集，以此激发可能的新关联。遵循传统的方式保持了事物现有的状态，创造的方式促进了形态的变迁和新结构以及新模式的产生。空间的这种双重性将会是理解聚落形态的关键。强调聚落之间的文化差异已经有很长时间了，现在已越来越能够确定它们的共同点，并以此来建立一个更加通用的聚落理论：即特别强调宏观与微观的尺度关系。关于聚落最重要的一面是它们总是在某种程度上自由发展而成的。空间句法的贡献在于指出了聚落是如何自然演变发展的，而这种对于聚落的理解也是未来的聚落规划与设计所要倚重的。

3

空间句法实验性案例研究之结构视角

3.1 空间句法在国内应用之简介

空间句法经过三十余年的发展，已经成为在世界范围内有影响的聚落与建筑研究学派。建立在现有的大量实验研究的基础上，空间句法提供了一种全新的对聚落形态与建筑系统的空间表示与分析方法，它是关于建筑与城市形态的广义的理论解释（Hillier & Hanson，1984）。在传统聚落与建筑空间的分析中，单纯的数学逻辑分析或形体操作的数学运算，虽有量化分析的优势，但易流于形式操作的层面，难以触及聚落与建筑空间的深层内涵；而单纯文化层面的逻辑解析，又往往不够精确，或者其结论在实际操作中难以贯彻实施。空间句法则是数学逻辑分析与文化逻辑分析的有机结合，引出了兼具人文深度和可操作性的空间理论。聚落与建筑学需要这种理论。也正是源于此，近年来空间句法也逐步引起了国内许多学者（段进，2003，2015；杨滔，2011，2013，2016，2017；盛强，2011，2016；庄宇，2016；邵润清，2007，2016）的关注，值得指出的是，东南大学段进教授先后与比尔·希利尔合著了《空间句法与城市规划》（2007）及《空间句法在中国》（2015）等书籍，对比尔·希利尔的理论进行了详细的阐述，关注空间句法在中国的全新进展、潜在问题和未来发展，尤其介绍了空间句法在中国应用的诸多成功案例。戴晓玲的《苏州商业中心变迁的空间句法研究》一文通过 5 个历史阶段对七百年来的城市发展进行了调查，建构的轴线模型清晰地显示出随着城市生长而不断变化的城市结构，从而揭示了空间组构（构形）变化对商业中心区维持和演变所起的作用。这个实例清楚地显示出使用空间句法的理论和工具进行城市研究所带来的几个优点。其一，它的计算分析手段能把本来难以言说的，但能被人们直觉所感知的空间结构用一目了然的图示方式表达出来。这样空间组构（构型）的作用就可以从复杂的因素中抽离出来，突现出空间对社会生活的反作用力。其二，在做历史研究时，空间句法的拓扑学分析方法使我们能以一种全新的眼光审视那些古老的地图，从中提炼出蕴含在地图中的当时城市的更多信息。其三，以轴线模型概括城市空间结构的方法使得不同文化背景下的城市间的比较成为可能。段进、邵润青在《南京红花—机场地区概念规划中的空间句法研究》中，将空间句法的研究融入到城市公共空间的规划研究过程中。邵润青、段进在《嘉兴城市中心空间发展研究》中，将空间句法作为一种重要的空间描述手段和情境分析方法，提出可行的空间发展策略，为市政府、规划管理部门的规划决策提供理论基础。段进等在《天津城市形态研究》一文中，探讨了空间句法与分形量化方法的配合使用，以及规划布局中对这些研究成果的综合判断。

总体而言，句法在我国当前的实践应用中也逐步被证明对聚落空间理解与解释的准确，基于这些句法应用研究的基础，本书尝试将其扩展应用于对聚落形态的系统研究，分别从聚落的结构视角、功能视角、人文视角对聚落形态进行深入分析，以期探讨聚落自身的发展规律，解释聚落发展中的多种现象，挖掘聚落所蕴含的深层的社会人文内涵，并预测聚落未来发展。

3.2 城市聚落之句法结构视角研究

城市规划中，对城市空间的全方位、多层次地分析，始终不能脱离对空间结构的梳理。相对于城市空间最表层的城市建筑来说，空间结构更富传统性和习惯性，并且城市空间结构总是与形态、功能、系统等诸多因素表现在一种互动的关系中。因而对城市形态的句法释义，最基本的便是从结构视角对其研究。本城市聚落实验性研究选取发展中的新乡为案例。

3.2.1 研究城市新乡概况

新乡市是河南省直辖市，地处华北平原南部，北依太行山，南临黄河；京广、太石铁路在市区交汇，106、107 国道和京珠高速公路穿境而过；南距省会郑州 80km，市域国土面积 8169km^2，其中市区建成区面积 74.8km^2，辖 4 区 2 市（县级）6 县，总人口 569 万人，市区人口 93.93 万人。新乡公元 586 年设县，迄今已历 1400 余年，曾在新中国成立之初被确定为平原省的省会（图 3-1）。

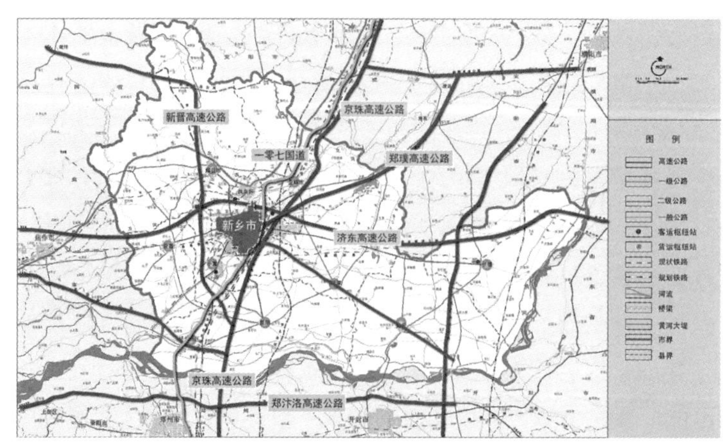

图 3-1 新乡区位图

在新乡城市“十二五”近期规划中，新乡市确定“东移西联南扩北优”的空间发展战略，城市发展模式是以界限内的有机增长为主，以新区建设为重点，实现城市重心东移，逐步形成多中心的扩散型城市发展形态；远景规划则强调充分利用规划期内城市发展积蓄的惯性力，继续向东向南推进，城市发展模式从界限内的集约增长逐步转向由中心城向外扩散的扩散型发展模式，中心城市形成合理规模，重点发展以小店镇、小冀镇和凤泉区为主的外围城市组团，形成并巩固具有快速道路相沟通以及大片绿色空间隔离的“主城+城市组团”发展的良好城市形态。

3.2.2 研究目的

本实验性研究的任务是在考察新乡城区的现状空间形态特点和客观发展规律的基础上，分析城市中心区发展潜力以及城市整体空间形态发展趋势，进而在对空间特点及其客观发展规律有基本认识的基础上，分析新一轮规划纲要中所提出的新乡城市空间发展战略，尝试解释与验证规划设想的新乡空间发展模式是否能够达到其预期的规划目标，从而为实现新乡空间发展的可持续提供决策支持。在新乡城市空间形态的分析中，有必要强调其城市中心的研究，城市中心与城市区域的发展是一种互动关系；中心的形成离不开城市总体发展框架的支持，而良性运作的城市中心则可提升其腹地的发展动力，城市中心的结构必须与城市总体结构相契合，并可带动腹地的发展。在此研究中引入了空间句法理论，这里的句法是一种重要的空间描述手段和情景分析方法。

3.2.3 研究方法

空间句法理论指出城市的空间结构关系本身反映了城市社会经济的制约因素的综合影响，理论将城市空间形态与功能很好的关联起来，并将其归纳为“运动经济体规律”模型。特别指出的是，句法分析为城市中心性研究提供了科学主义的认知逻辑，这一理论认为城市空间格网与空间的社会属性（从事各种各样城市职能活动的人的活动）存在高度相关性。由于两者在城市系统内是高度耦合的互动子系统，因此，城市空间的社会性功能可以通过对城市空间格网的分析加以解译和优化，从而提供了从空间系统内部认知城市性（尤其中心性）的有效手段。而关于城市中心性规律，希列尔对此的阐述可以概括为三点：首先，中心性是一个以空间为主要引导的过程；其次，因为自然运动规律和经济运动体规律，城市的空间构形在产生和维持活跃的中心这个过程中起着关键的作用，简而言之，集成度[1]核心[2]往往和城市功能

[1] 或称整合度，它反映场所某一空间与其他空间的集聚与离散程度，是剔除冗余节点后标准化的平均句法深度，它体现了空间单元对其他单元所具有的句法可达性与渗透性优势，从而体现出某一空间相对其余空间的中心性。句法研究表明，如果没有特别的吸引目标，且排除路况等因素的干扰，则在大多数案例中，集成度较高的地方，往往具有较多的人流和车流。

[2] 在整个空间系统构形中，必然有一部分轴线的全局集成能力处于支配地位，这部分轴线构成了城市的全局集成核，全局集成核具有最强的渗透力和集成力，代表城市中心性最强区域。

的核心（譬如主要中心商业商务区）相互重合；最后，为了有利于中心商业商务区各个不同空间的可达性，城市格网的局部性特征，即格网的密度也起着关键性作用。中心区的网络往往比较密集而紧凑，并有集成度高的辐轴使之和外围的大片城市区域相连接。城市发展由经济和政策因素最终决定，但此过程却需在空间结构规律所设定的框架和制约下实现。

3.2.4 新乡城市空间形态之句法分析与解读

（1）新乡城市现状句法分析

从历史的演变来看，新乡城市空间的发展延续着其规则格网的模式，这种模式的发展使得空间结构较为均衡。句法分析表明其在空间发展过程中（图 3-2、图 3-4），城市几条主要道路诸如平原路、和平路、新飞路等（句法图中红色轴线）一直维持着句法的高集成度，它们延续着城市空间的主体骨架，城市商业、行政等公共设施也沿这些道路而展开，它们是作为空间主要的轴线而承担着城市主要中心功能。经过“十五”和“十一五”十年的建设与发展，新乡城市新区建设初具规模，拓展了城市发展的空间，城市结构突破了原来的单中心单核模式，具体表现为：城市行政中心从老城商业零售中心分离出来，在城市东部重新聚集，并吸引城区范围向东推进。城市格局的变化使城市发展轴由原来的“单十字”（和平路与平原路）转化为由和平路与新飞大道、平原路和金穗大道组成的“双十字”复合发展轴，这在句法分析图（图 3-2、图 3-4）中显示明晰，其中红色与橘黄色形成高集成度轴线架构。虽然上轮总体规划确定的城区南部商务中心一直没有形成，表明城市向南发展的动力不足，但空间主体轴线的东向延伸与拓展则表明城市总体向东发展的趋势已经形成。

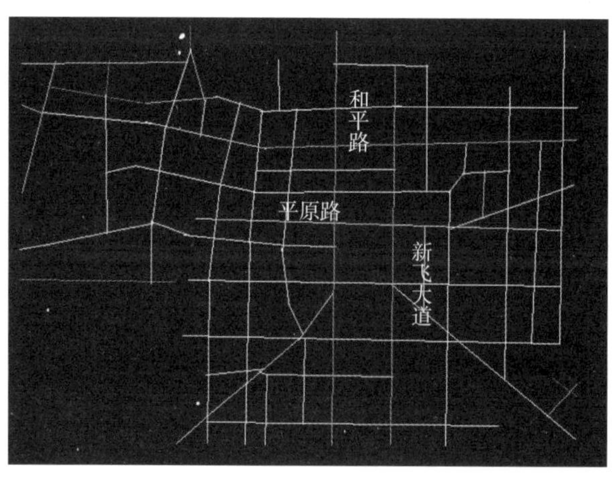

图 3-2　新乡城区历史道路网络句法分析（见彩图 1）

现状新乡城区由中心城区和凤泉片区构成（图 3-3、图 3-4），中心城区是新乡老城区综合城市功能区，是新乡市政治、经济、文化中心；凤泉片区由北站独立工业区

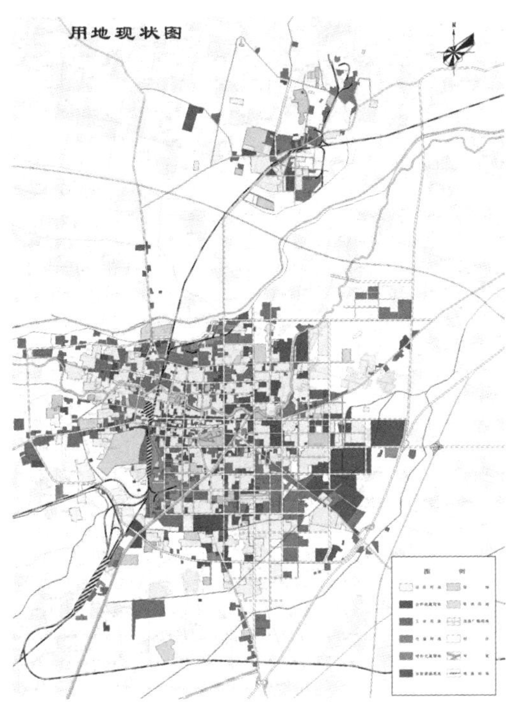

图 3-3 新乡用地现状图

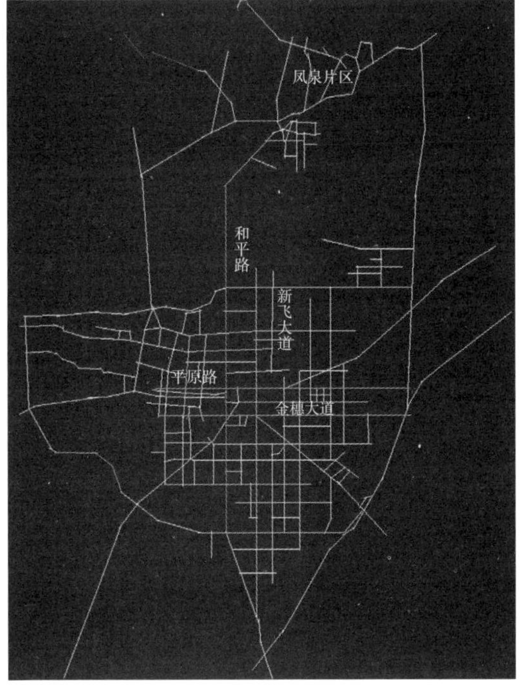

图 3-4 新乡城区现状道路网络句法分析（见彩图 2）

发展而来，是新乡市区的以工业为主的外围城市组团，城市这种相对独立的“一城一区”结构在句法分析地图上清晰显现。城市外围组团与中心城区的空间联系却并不紧密，外围组团在一定程度上疏离中心城区，这种分割源于中心城区与凤泉片区之间共渠行洪区所形成的天然生态隔离，从而也确定了现状新乡城市空间结构相对分离、功能性质相对独立的“一城一区”城市形态。句法分析上也明示出这“一城”与“一区”在空间结构上的差异，高集成度的红色轴线延伸至此，在两者的连接处发生突变，这也意味着空间组织的转变，中心城区空间的整合性、协调度都较边缘组团好许多（图 3-5）。新乡城市“两轴三环”为主要骨架的道路网络在句法地图上有层次的清晰展现（图 3-4），其中平原路（R_n 1.752）、金穗大道（R_n 1.743）、和平大道（R_n 1.644）、新飞大道（R_n 1.572）等构成城市集成核，它们具有高度的空间可达性与渗透性优势，从周围道路中凸现，并担负着城市的主要交通流量与社会功能。现状的公交客流调查显示，全日公交客流在 1 万人以上的道路也正是平原路、和平大道、金穗大道、华兰大道等。外围环路的发展在一定程度上疏解了城市中心的交通压力，但城区主要交通干道存在错位丁字相交和断头路情况，阻碍了城市内外交通的通畅联系。从现状句法地图上可以看出，中心城区与东南部新区在空间尺度和街道肌理上存在较大的差异，其轴线网几何特性是不同的，新区轴线平均长度超过中心旧城区，中心城区中部是历史生长、逐步改造而成的街区，具有城市自组织生长的痕迹，穿城而过的河流丰富了城市的空间形态；

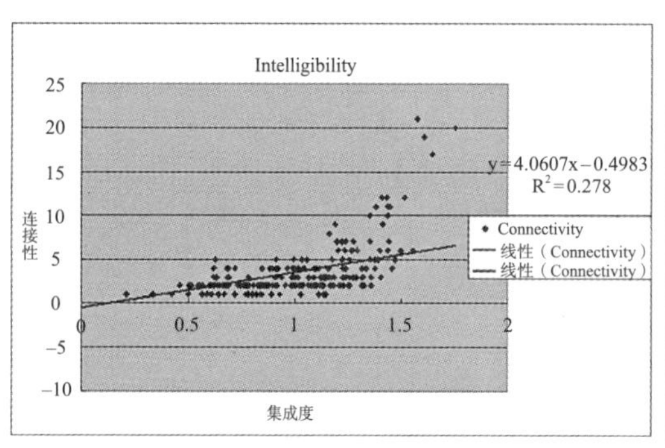

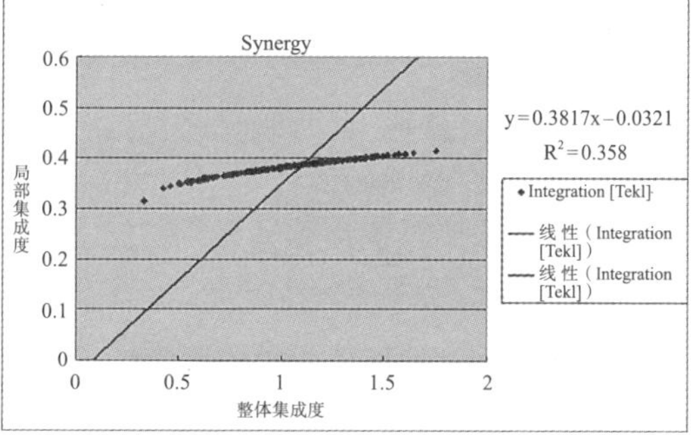

图 3-5　现状空间协同度与可理解性分析

而东南部新区是近年快速规划建设的，规整的格局表现为空间“形态简化”以及尺度扩大化的趋势。在集成度（整合度）的分析上，旧城中心表现为较高值，也就是说在很大程度上，现状旧城仍维持着其“生活中心”的地位。其实从城市功能布局角度考察，传统新乡的市级商业服务设施集中在中心城西部的老城区，以平原路西端火车站为起点，形成了沿平原路向东至和平大道、北至中原路、南至金穗大道的区域为城市的核心商圈，地位非常突出，该区域商业网点集聚度高，以大型百货为主力业态，而此区域正是位于城市句法之集成核。

虽然新乡近年的城市建设基本按照上一轮规划的安排有序发展，东部新区、科教园区和开发区工业区发展势头良好，城市重心开始向东转移；旧城区内实施了行政中心搬迁和零星工业企业的搬迁，在一定程度上促成了老区环境的改善，但从整体上看，旧城改造进程缓慢，旧城道路网络系统有待整合，并且旧城区内的用地优化整合仍需积极推进，特别是铁西地区的改造需投入更多精力，铁西地区是中心城区空间结构整合性最弱的区域；而在新区，干道网间距较大，支路系统不完善，路网密度较少。

（2）新乡城市发展句法分析

城市是一个受多方面主客观因素影响的复杂系统，其发展前景具有多重可能性，而其中城市空间发展方向的选择对于城市建设来说更是一个核心问题。新一轮新乡规划对城市发展的基本判断是：向东至小店镇方向发展动力强劲，是城市首要发展方向，并提出“东移西联南扩北优”的空间发展战略。本书从句法视野来考察这种空间发展定位及其功能定位基于现状空间形态发展基础上的可行性与合理性。

结合现状综合要素考虑，城市北向的发展很大程度上受制于中心城区与凤泉区之间的行洪区，该区域承担城市防洪安全的重要任务，且凤泉区北部是凤凰山与南水北调干渠，不宜作大规模的开发（图 3-6）；句法分析显示（图 3-4、图 3-7、图 3-8），由于凤泉片区与中心城区的弱化联系以及其本身空间结构的离散性，凤泉片区在空间集成上不可能承担城市中心发展的转移，因而城市北向不宜作为主要发展方向。句法分

图 3-6 新乡发展制约因素综合分析

析上也显示城市西面京广铁路很大程度上阻隔了城市东西向的联系，铁西区很大程度上离散于中心区，并且其本身空间组织也有待整合，几条主要的城市交通干道在此出现丁字交叉和断头路口，这源于当初城市建设对城市发展速度与扩展规模估计的不足，没有预留东西向的跨越通道，城市中心区与西向联系的弱化很大程度上消减了城市向西发展的动力。从城市空间发展角度而言，虽然城市东南向发展态势明晰，这从句法地图上各主要轴线（红色）的延展趋势可以看出（图 3-4、图 3-7），但城区南面的新荷铁路和货运南站也将成为城市南向发展的主要制约，而且该处的 107 国道呈西南走向绕中心城区而过（图 3-6），挤压该区域的用地，使南向发展空间逼仄，城市发展轴线的延伸受限，不利于该区域的建设用地和道路布局，影响新发展地区与城市中心轴线的顺畅联系。近年来，政府在城区东部投入了大量的资金进行道路、市政等基础设施建设，同时城区东面的小店工业区发展势头强劲。虽然城市向东发展需要跨越 107 国道、京深高速客运铁路专线和京珠高速公路三条交通干线，但 107 国道从市区平原路开始向南逐步抬高，高出自然地势 4m 左右；京珠高速公路市区段全部高出自然地势；京深高速客运铁路专线市区段是全部高架通过。因而城市向东发展易于跨越这几条过境交通干线，保证东西向轴线的联系以及主要轴线核心功能的强化。此外，京深高速

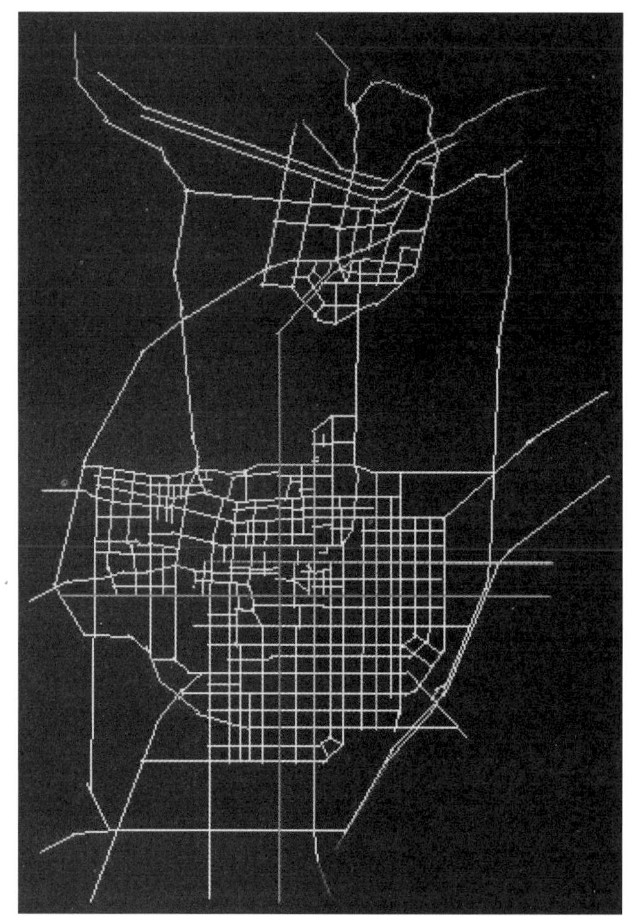

图 3-7 新乡发展过程句法分析（见彩图 3）

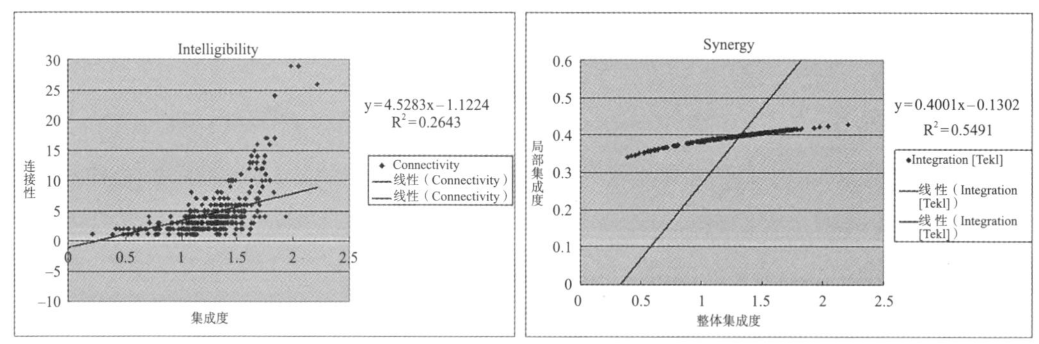

图 3-8 发展过程空间协同度与可理解性分析

客运铁路专线的新乡客运站位于中心城区东部，京珠高速公路的新乡立交口也位于中心城区东部，东部区域用地空间广阔，易于实现城市的有机生长。但从城市长远发展战略来看，还须妥善处理好过境交通干线与城市发展的关系，强化主城区与东部地区的联系，尽可能地消减其阻隔城市功能轴延续的负面作用，并尽量避免过境交通对城市生活的干扰。

与规划设想相一致，空间句法的分析也显示东南部区域空间发展潜力较大（图 3-7、图 3-10、图 3-11），东南部新区周围的集成度若按照规划发展将在未来十多年内迅速提高，这意味着发展的动力也会不断增强。从目前发展态势来看，市级行政中心的东迁已经为城市提供了新的中心区位因子，原来的城市核心区由此实现突破性发展，跳出延续已久的旧城中心范围。旧城城市核心区的稳定结构被打破，正在进行功能和空间的重组，同时在东部新区重新集聚形成城市行政中心雏形。由空间句法分析的演变图可以看出（图 3-2、图 3-4、图 3-7、图 3-10），城市核心区正逐步由单核结构向复合的多核结构演变，中心城区呈现由“单中心”向“多核”的复合型中心结构模式演化的趋势。按照空间句法的分析，规划的空间格局为东南部区域中心的塑造创造了良好的条件，东部新区的市级行政中心在空间上占据了较为有利的地位，它介于两条高集成度的城市主轴线间，具有较强的空间聚集力，这种空间布局遵循了句法理论之“部数效应”，即东部新区能够集成强于其他区域的社会经济功能，进而带动周边区域的整合发展。但由于规则格网的空间形态特点，随着城市的发展，其主要道路被作为生长轴进一步直线延伸，集成度核心的变化是范围的扩大，并没有产生空间位置显著的“迁移”。对于新乡城市而言，仍是和平大道、金穗大道、新飞大道等构成空间集成核，这些道路延续着高集成度值，而原有的核心仍然是新的集成度核心的有机组成部分，老的城市商业中心仍然具有空间优势，倾向于保持原有的地位。这时若要强化新区中心性，需进行“格网加密”，也就是在新区肌理中创造相对致密的格网，加大其道路网密度，形成更为可达的 空间形态，进而构建更具集聚力的空间。[1] 新乡东部新中心发展与旧城中心处于 一种竞争与协调状态，虽然目前传统商业中心有分解的趋势，但从整体上看，若城市东部仍缺乏足够的商业服务配套以及道路体系的优化完善，那么这种状况 将制约城市东拓的步伐。

在城市功能布局上，按照规划主体发展思路：城市由现旧城中心向东沿平原路和金穗大道作轴向推进、延伸发展，城市的发展依据城市生长的惯性，城市中心功能沿主要高集成度的轴线积极填充，形成中央城市功能集聚走廊，承担城市主要综合中心功能；而在非主要发展方向建设外围组团，外围组团通过城市干道与中央城市功能走廊紧密连接，使城市生活功能和生产功能既能有效协调发展，又尽量减少不同功能的相互干扰。近期发展结合新乡城市的现实情况，脱开老城一定的距离发展新中心，整合业已老化的城市中心，引导城市中心功能在优选区域重新集聚；同时在条件成熟时

[1] 新乡城市中心性的发展不同于不规则格网城市。空间句法相关研究表明，在不规则自由格网城市扩张时，城市的主要道路并非直线延伸，而往往会被另一长直线改变方向接替下去，因此，因城市扩张而引起的集成度核心转移则会经常使老的核心区域失去其原有地位，空间结构的转变即会对原有城市（商业）中心造成较大的空间压力，从而迫使其迁移至新的合适位置。

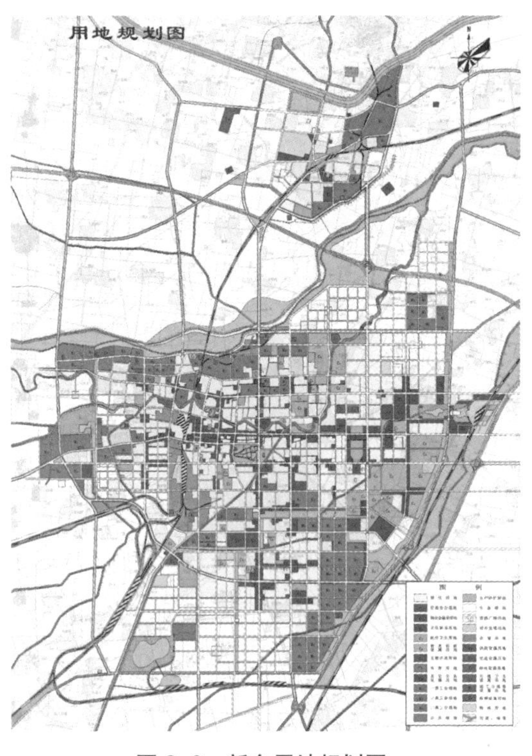

图 3-9　新乡用地规划图

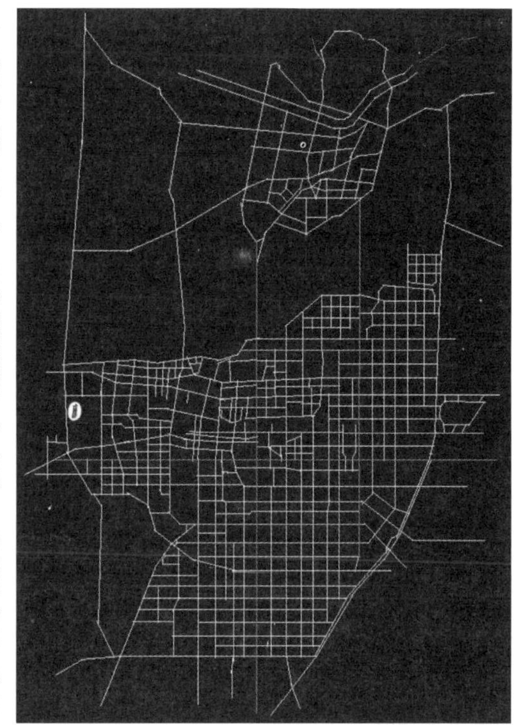

图 3-10　新乡规划句法分析（见彩图 4）

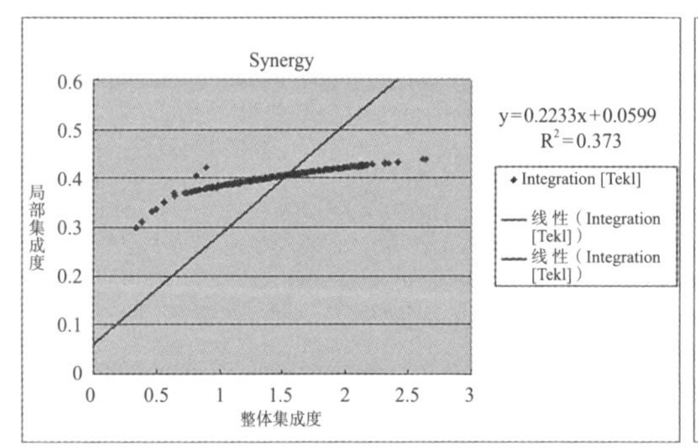

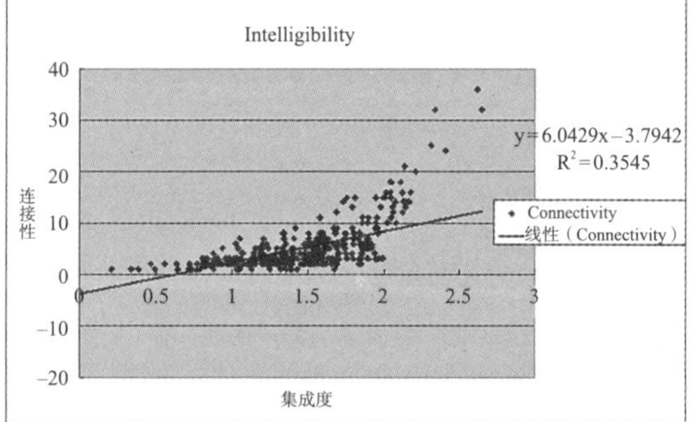

图 3-11　规划空间协同度与可理解性分析

积极推动旧中心的更新改造，最终实现新老城中心以双核的形式共同承担城市综合性中心的复合功能。具体实施譬如，规划确定在行政中心周边地段，填充文化及商务、娱乐等功能，近期沿平原路在新飞大道以东及金穗大道以北区域，中期结合新客运站建设和小店新城的开发在 107 国道以东发展大型商业、文化设施，共同构成珠联复合式城市中心，强化该区域的市级商业、文化和服务业中心地位。这样的功能布局契合了句法之中心性理论，句法分析所显示的这些区域皆具有较高集成度或高集成度的发展趋势，因而它们极具承载城市中心功能的潜力以及空间的聚集效应。

以句法理论的视角分析，可以说，新乡新一轮规划遵循了城市空间发展的潜在

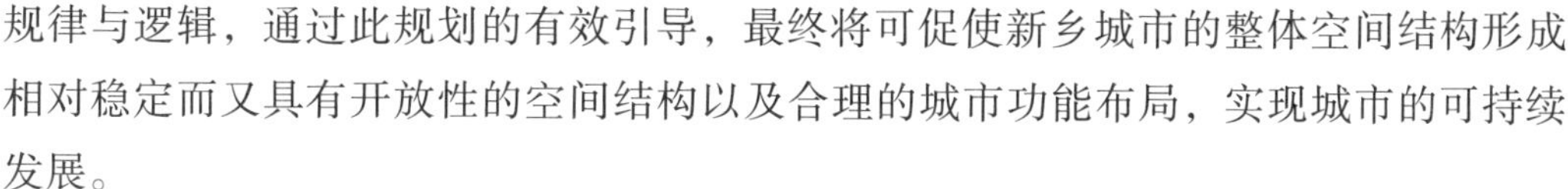

规律与逻辑，通过此规划的有效引导，最终将可促使新乡城市的整体空间结构形成相对稳定而又具有开放性的空间结构以及合理的城市功能布局，实现城市的可持续发展。

3.2.5 小结

通过以上分析，可以归纳新乡城市空间发展的总体特征。

（1）强生长性特征。新乡城市形态表现为以中心城区为核心，外围地区成组团式发展模式。从新乡城市形态生长过程来看，新乡近年来的生长速度极为强劲，可以预见随着新乡新一轮空间发展战略的实施，这种强生长性的形态发展趋势必将继续保持相当长的一段时间。由于共产主义渠行洪区所形成的天然生态隔离以及其他河网水系（卫河、人民胜利渠、赵定排、大沙河、东西孟女河）等空间因素分割，避免了城区与组团的蔓延生长，同时各部分之间还保持了紧密的联系，这就避免了一般平原城市在高速发展过程中由于圈层式扩张而造成的城市用地无序蔓延。同时，中心城区的规模以及空间组织特征，有利于形成稳定的城市核心，便于形成功能综合、人口集中、土地开发强度较高的中心城区，并逐步实现中心城区“单中心”向“多核”的复合型中心结构模式的演化。“主城＋城市组团”模式发展的城市形态，使得中心城区与外围组团在功能上易于互补，空间结构上可分可合，具有很大的弹性。

（2）弱自组织特征。由于外围组团相对规模较小，空间整合性弱，且组团之间由于空间因素的阻隔，使得它们无法连成一体，很难形成强烈的相互联动的自组织演化图景。正是新乡城市形态的这种弱组织特征，人为的规划控制与干预在此变得更为重要。

（3）可持续特征。新乡城市北部有生态敏感性和景观标志性极强的凤凰山山体，新乡前几轮的规划中都重视了对城区河流水系景观生态的塑造，并且新乡人文景观资源较丰富且颇具特色。现今时代城市之间的竞争已逐步转向文化资源的竞争和生态环境优劣的竞争，城市更注重其特色资源优势的发挥和核心竞争力的发挥。因此，新乡城市空间的发展必须保持形态的可持续性，注意保护中心城区与组团之间的自然生态空间，防止它们被破坏导致组团与中心城区之间连成一片。随着中原城市群一体化进程的推进，新乡城市形态的发展必将融入区域整体形态结构中。通过研究表明，新乡城市形态特征具备了与区域整体形态可持续的融合生长的基础。

（4）方格网模式。新乡城市空间的发展遵循了格网模式。方格网城市空间的发展具有诸多优势，如：城市规模的弹性化、土地再分的标准化、临街面比例的增加、交通的可达性（句法分析显示，整个方格网城市道路的可达性是非常高的，大部分轴线都呈红色或黄色）、街道界面的连续性、市政施工和规划管理的整齐划一等。方格网是一种创造城市秩序的方法，但不是可以简单套用的城市设计公式，若在实际操作过程中处理不好，其几何性、秩序性潜藏的单调、枯燥性等便会显现。虽然城市发展史中普遍存在格网，但这并不能说明格网可以成为标准，格网在新乡城市的发展还值得我们继续深入关注。但方格网的可达性好、方向感强，显示出清晰的空间形态，它很大的价值在于其灵活性和适应性，并可承载不同的政治和社会结构。

关于城市空间的发展，是一个复杂的系统议题，在我国的现实经济条件下，取决于多主体的共同推动，市场力和行政力都起到了非常大的作用。从诸多城市（包括新乡）的发展历程可以看到，一方面，在空间中，资本等市场因素通过触发复杂的空间演化机制成为城市发展的根本决定性因素；另一方面，政府的空间规划与管理也通过对空间机制的强力干预对城市的发展产生巨大的影响（段进等，2015）。新乡城市的发展是建立在空间作用机制基础上，自下而上和自上而下的组织力协同作用的结果。在这一背景下，政府的规划应强调建立在对空间机制充分研究的基础上，在尊重城市演化的客观规律前提上，懂得如何通过恰当的空间手段干预城市的发展，合理利用与协调多元的空间作用力，充分发挥空间的发展潜力，减少市场负面效应的影响，引导城市向着新乡市民期望的方向可持续发展。

当前国内许多地方在城市空间政策制定中缺乏对于复杂空间机制的研究，本章研究中，尝试借鉴了空间句法这一理论与空间分析方法对空间机制进行了研究，句法作为一种空间语言，可以定量描述城市结构模式，它可以使人们深刻理解城市和建筑运动背后的规律与控制因素，并表明此类研究可以很好为政府提供决策基础。

3.3 传统聚落之句法结构视角研究

作为人类最原初而普遍的社会生活环境模式，传统聚落伴随着人类居住生活体系的形成而产生，它存在于特定的文化背景与地域环境中并延续存留至今，成为记录地域人类活动脉络和传承地域文化的载体。传统聚落的空间形态是聚落自然环境与历史文化长期积淀的外在表征，对聚落全方位、多层次地分析，始终不能脱离对其空间形态的梳理，它富于传统性和习惯性，无论其表层变化多么强烈，但其深层结构却可以顽固地传承与延续。通常建筑学界对传统聚落空间的研究分为两类：一类是史籍式研究，即专注于纪念性或是带标志性建筑物的测绘与保护工作；另一类是人文式研究，即传统聚落的社会结构与社会空间的研究。现今的研究更倾向于整体性，力求对聚落整体、各种建筑与整体的关系以及建筑和自然环境、历史环境的关系进行一个系统而完整的把握，其中切入视野是多元的，诸如文化人类学、历史学、社会学、现象学、传播学等方法的应用。这些研究已取得不少有益的成果，但概括说来以上诸方法多侧重于描述、归纳与解释，实际操作层面并不具备对某个具体聚落空间形态分析的量化性，因而也就无法得到村落具体的空间结构特性。故此，本章研究探讨性地引入空间句法这一空间计算语言，尝试从不同于传统的句法视角对聚落空间形态进行描述与解释，这种描述与解释是量化性的。

3.3.1 传统聚落与空间句法释义

与众多空间理论有所区别的是，空间句法理论的切入点是“回归到空间本身”，即句法将空间作为独立的元素进行研究，从空间关系出发对空间结构形态进行精确的描述，并以此为基点，进一步剖析其与建筑、社会和认知等领域之间的关系。空间组构或称构型（configuration）是句法的核心概念之一，其意指片段空间之间的关联以及由关联构成的整体性，而复杂片段（或局部）空间之间的这种复杂关联类似于语言学中的句法，由此而称为空间句法[1]。空间之间的“句法”暗合了人们有意识地使用与设置空间的关系。也就是说，空间句法之中的空间被定义为一系列相互依赖的关系，因而空间可被理解为具有客观逻辑的内容的组构，空间关系如同语言的作用，调和着抽象的理性空间和感知的物质世界空间的关系。在城镇或村落空间的句法中，强调对空间整体性的把握，某一局部空间的属性是相对其他所有空间而言的，其中建筑物并非单纯的社会艺术，建筑物通过空间的组合结构以及秩序来认识社会，这里的空间与社会关系是一种依存、辩证而交互的关系，人们在塑造空间的同时也被空间所塑造着。

句法对空间的描述结合了人们的日常体验和使用空间的方式，在传统聚落研究中，句法对传统聚落空间的描述始于某单一视点可视的区域（isovist），此可视空间在句法中称为一个街景空间（a vista space），街景空间则可被表示为一条轴线、一个视区或一个凸多边形，这是聚落环境表达的基本句法形式单元，并且由单个的街景空间可以推断聚落环境特征，所有街景空间集合即形成了整体聚落空间环境。其中需要强调轴线的描述方法，轴线意味着你可以看多远、走多远、感知多远，本案例研究中，轴线是形成聚落空间秩序与结构的关键，也是人们体验聚落的方式，由最少和最长的轴线覆盖村落全部表面，那么聚落整体空间视觉上便被描述为句法轴线地图。

为探寻人居空间结构及其与人类社会的内在联系，句法应用数理形式来获取空间的某些关键特性，并尝试以此解释空间结构、人类空间行为与社会生活的相互关系。对应一些句法参量来分析这些关键特性，譬如深度值，它是句法定量分析中最为重要的概念之一，其涵义是指到达目的地所历经的最少空间数目，表达的是轴线节点在拓扑意义上的可达性，即节点在空间系统中的便捷程度；“深”即存在于必须经过一些交织的空间以达到某个空间的地方。人们常说的“酒香不怕巷子深”“庭院深深”，其中的“深”就有局部深度的含义，它表达的是空间转换的次数，并非指实际距离，它蕴

[1] 语言的概念可以分为两种：一种是我们思考着的字词及其表达的对象，另一种是我们思考所运用的句法和语义规则，后者来支配如何让字词的配置产生意义。我们思考着的字词就像事物本身，是有意识层面的。而我们思考所运用的隐藏结构，则具有构形法则的本性，它告诉我们事物是如何组织起来的，是下意识层面的（Hillier，1996）。

含着重要的社会与文化意义。控制值则揭示了系统中相邻空间的关系，那就是一个空间对与之相交的其他空间的控制程度，值越大，控制程度越高。智能值反映了空间的可理解程度，值越高，空间越是可理解与识别。另一最为重要的参量集成度（也称整合度）则反映片段（或局部）与系统中所有其他空间的集聚或离散程度，是剔除冗余节点后标准化的平均句法深度，它体现了空间单元对其他单元所具有的句法可达性与渗透性优势，值大称之为空间结合或整合，值小称之为空间分离或隔绝，通常空间结合越好则越符合人们的需要，集成度能够很好的关联人们在空间中的行为活动。以上诸参量表达出来的空间关联往往和我们直观感觉中的空间构形特征相吻合，进而可以推断都市或村落空间组织对活动和使用模式的影响。

3.3.2 传统聚落空间形态句法图解

1. 西方传统小镇——阿伯特

传统小镇与传统村落对应表达着东西方的传统聚落形态（欧洲村落大多为各个单体的集合，故其聚落形态多体现在城镇），无论是欧洲传统小镇或是中国传统村落，虽然它们空间秩序有所差异，但其空间形态皆表现出了一种自组织生长而成的痕迹，是人们生活需求、宗族（教）关系、社会经济情况、自然因素等的综合反映。

普遍对于聚落空间秩序的认识多局限于其几何的秩序，而很多小镇或村落环境并非如此，它们常常呈现出某种无秩序。比如希列尔他们所研究的欧洲传统小镇阿伯特，这里的建筑布局创造了一种可称之为变形格网的巷道空间系统，也正是这种变形格网将空间各部分连接为一个整体，其中街巷之间的轴线形成了小镇空间秩序与结构的主体。小镇局部详细平面形态肌理更为清晰（图 3-12），显示了建筑群如何形成一个长宽各自不等的流动的外部空间形态，较开阔的空间部分（称之凸多边形空间）被较长的空间（轴线空间）编织在一起，整个外部空间周围排列建筑入口，产生聚落“封闭”和“开敞”部分之间的直接分界面。事实上,这是许多传统小镇与村落空间的标准特征。

通过分析句法地图（图 3-13）可以发现，小镇有一结合核心（integrated core，依凭最结合的轴线 [1] 即能清楚区别出整个结合体的基础结构），形成了横越小镇的空间格局，并将中心与外部连接起来，这样更加肯定了空间布局的整体特性，因为结合核心将生活中心和广场同外部相连接，使之易于接近而汇聚人流。离散区则趋于在周围或结合核心的空隙处形成连续的空间组群，这些空间事实上是小镇的居住区，包括了商店、广场等在内的面向整体的空间（称之为结合核心，小镇公共活动空间）与当地的居住区的位置之间的微妙平衡，创造出传统小镇的那种空间性格强度上的微妙变化，小镇“社会”区分就是通过这种空间的安排来实现的。任何小镇空间的格局都会造成一系列最结合（核心，也是最聚集人流）或最分离的空间，规矩完整的格网赋予每个

[1] 最结合的轴线，即句法整合度值最大的轴线，在句法地图上以红色表示，黄色代表整合度值次之，蓝色最弱。对应于句法地图上深度值的表示则与之相反，最结合的轴线对应的深度值最小。

空间以同等数值，而变形格网则产生一个区别小镇不同部分的非均匀的分布，也正是这种变形格网保证了局部的多样性，并使人们知道局部何以连接成小镇总体的空间结构。

图 3-12 欧洲传统小镇阿伯特及其局部详细平面图

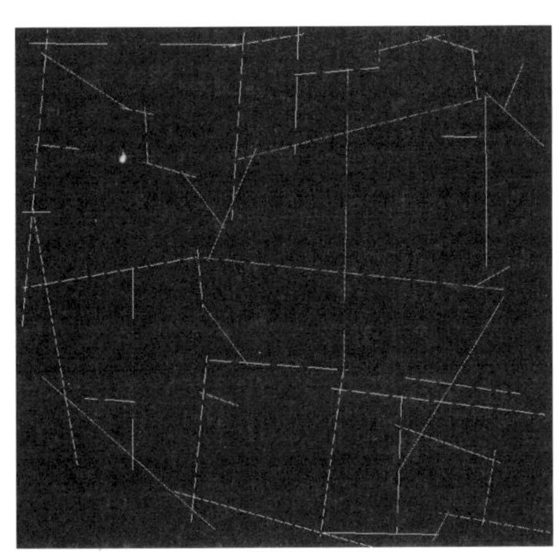
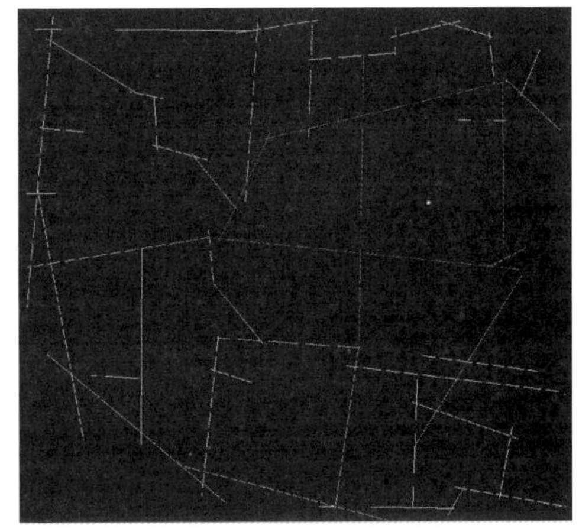

图 3-13 传统小镇句法整合度及深度值分析图

2. 京西传统村落——柏峪村

以上是句法对欧洲传统小镇的解读，对中国传统村落的研究可借鉴于此。中国传统村落强调整体和秩序的美，单一民居以堂和院为中心，通过轴线渐次延伸演变。其中堂是向心意义的实体，院落则构成空间单位细胞的虚体，通过虚实相间的互补和渐次变化的轴线，构成街坊、邻里以及整体聚落的秩序格局。整体村落布局多以宗祠（庙宇）、戏台、正堂等公共建筑或景物为中心，作为标志物及构图的重心与街巷空间构成环境形象的控制网络。文中的案例京西柏峪村也是如此（图 3-14、图 3-15a）。柏峪村位于北京市门头沟区斋堂镇北 12km 处，隶属斋堂镇最偏远的村落，村落沿山谷呈矩形分布，村域面积约 20 万 m^2。作为沿路自然发生发展起来的依山就势的村落，与欧洲小镇相似，柏峪村整体村落形态并非均质，街巷系统有层次的组合，在空间上创造出微妙变化的整合与离散区域。句法地图（图 3-15b、c）清晰展现村落空间布局中存在的结合核心，而这处正是村落活动中心——戏台、展室。作为传统村落布局中心，这里是村民集合商议、庆典欢乐议事的场所，从村落形态的句法视角分析，此处暗合了村落空间句法之“中心”[1]，同时也暗含了心理意义上的中心——它具有某种权力特征与秩序观念的“公共领域”性质，“在这个领域中，像公共意见这样的事物能够形成”（尤根·哈贝马斯语）。由此延伸出的轴线将中心与外部联接起来，整体表现为句法层面上的变形格网，这种格网的控制以及格网交汇处呈现出较为不规则的凸多边形形成了整个村落的格局。可以说轴线空间上叠合、串联部分凸多边形空间，共同塑造了村落连续流动的外部空间，较之欧洲传统小镇，柏峪村轴线式的线性空间在村落整体形态中更具空间上的主导与控制性，是它们界定了村民居住院落空间的领域属性，而村落外部空间的变化也多局限在轴线巷道的宽度、高度、转折等方面，通常意义上的村民交往多是发生在这些巷道线性空间中。作为村落外向型的轴线——村落最初的与外界联系的道路，也是村落最初的发展轴线，虽然也表现出较高的整合度值（图 3-15b 中最长的黄色轴线，R_n 1.331），但在整体空间格局上，它却让位于其后生长起来的近似与其平行的村落中心轴线（图 3-15b 中红色轴线，R_n 1.432）。可推测的是这条中心轴线在居民日常生活中扮演着极为重要的角色，这样的格网模式似乎也表明传统巷道对于其建造者和使用者的庇护意义，对于居住其中的村民来说，他们可以很从容的找出最便捷的由村外至村落中心或自家的路径，对外来人而言却多少有些排斥的意味。但村落中心句法深度值较低（D_n 3.357，村落西侧外围句法深度值最高，D_n 6.138，对于外来者，此处在空间事实上是最不易达到的或是说隐蔽的），也就是说只要历经一两次空间方向（轴线级）的转折，就可以从村落外部达到中心。村落看似是无序迷宫式的变形格网，事实上在空间认知上却是易理解的，这一定程度则显示了沿道路发展起来的村落在空间形态上天然的开敞性与包容性。通常这类村落最初沿着对外轴线生长，但一定时期后，村落形态的向心秩序便显现，句法地图清晰显现了这种空间组织格局，可以说柏峪村落的整体形态即是自然生产机制和向心组织的综合产物。也正是这种综合，使村落的整体尺度体系表现并不是十分严格，在秩序中呈现一种宽松的性格，构成村落理性而悠然自得的景致，这是村民们人文情趣的物化反映——讲求伦理秩序而又不拘一格。柏峪村落的建筑形式基本类似，多由合院建筑空间构成，虽然形态各异，但丰富形式的背后具有默契的同型（图 3-16），譬如，在所有的合院建筑中，其中的院落空间深度值最小（平均 D_n 1.333），是居民活动最为外向开敞而集聚的空间，是它平衡了居民传统的私密与公共空间。

[1] 在整个空间系统构形中，这部分轴线的全局集成能力处于支配地位，它们构成了村落的全 局集成核，全局集成核具有最强的渗透力和整合力，代表村落中心性最强区域。

图 3-14 柏峪村落全景图

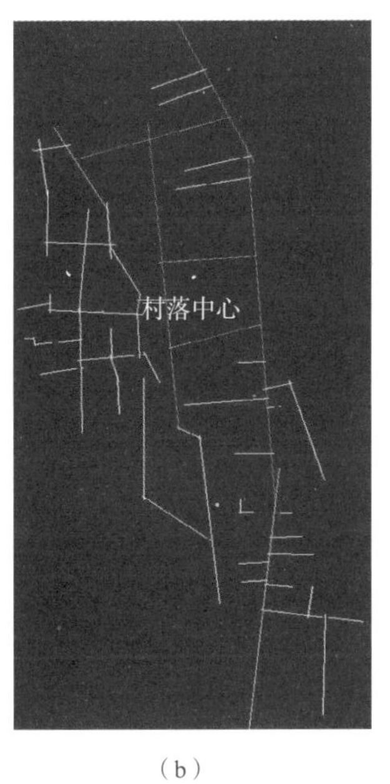

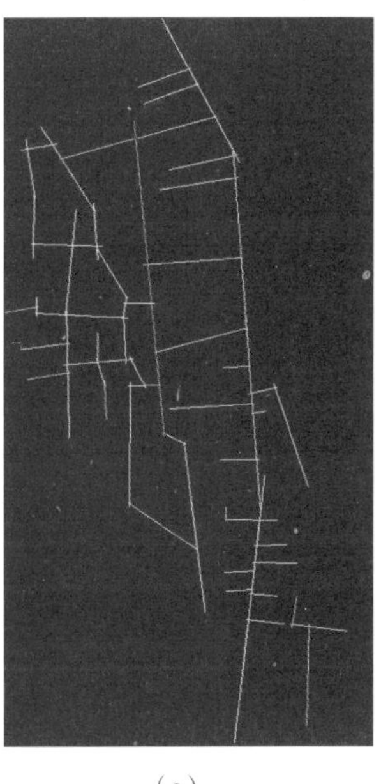

（a） （b） （c）

图 3-15 柏峪村落地形以及句法整合度及深度值分析图（见彩图 5）

传统村落通过空间构形来传递文化和社会本性，而空间不仅为人们的社会活动提供了可能实现的物质基础，并且为社会文化关系的创造提供了前提条件。在这个层面上，空间对人们日常生活经验的渗透较其在视觉上的象征性更具意义。句法地图对空间形态的解释反映出一般平面图所不能直接观察到的种种特征和属性，而正是这些属性特征，折射出空间中蕴含的深层次的社会文化，如空间构成图式中的凝聚性、秩序感、防御性等所反映的即是聚落社会权力系统、秩序与非秩序以及领域的性质。

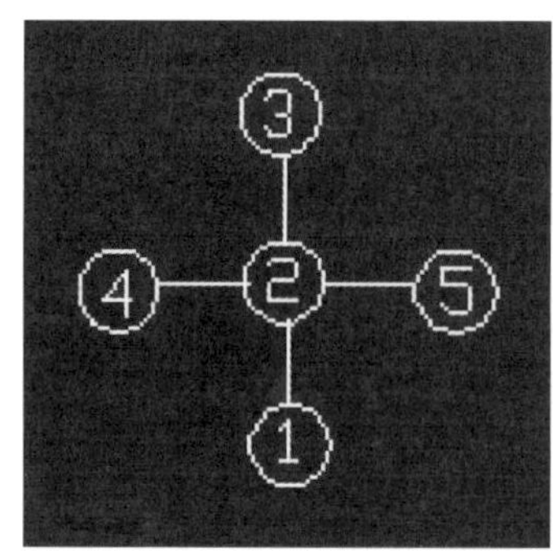

图 3-16　院落基因型的句法拓扑分析

注：1 为入口，2 为院落，3、4、5 为围绕院落的建筑

3. 安顺屯堡聚落——云山屯堡

（1）云山屯堡聚落概况

作为一种独特的文化现象，贵州屯堡聚落是在明朝军屯制度的推动下，江淮汉族移民基于本初的汉文化传统，结合贵州山川地貌所造就的半军事半农居的产物。云山屯堡聚落位于贵州省安顺市西秀区七眼桥的明清时期贵州通往云南的黔滇古驿道上，周边有本寨、新寨、竹林寨、吴家屯、雷屯、辛家庄、小山等屯堡村落，即“云峰八寨”。云山屯堡处于珠江水系与长江水系的分水岭，境内以溶蚀地貌为主，为典型的喀斯特地貌。聚落坐落于两岸直高的云鹫山峡谷半山中（图 3-17），呈弧带状分布，周围群山环绕。峡谷东部与西南部为屯堡主要出入口，居民在此顺应地势利用山坳修建了“三重门”：前屯门、小屯门与后屯门（图 3-18）以及屯墙，将险要地势与屯门、屯墙等人工设施很好的结合起来，使整个聚落被围合在“南北环山，东西有墙”的相对封闭的空间内。屯堡以周围山体为依托，形成难攻易守的空间格局。鉴于山谷用地相对紧凑，为合理利用土地资源，屯堡民居建筑多呈“一”字型展开（图 3-19），建筑充分依循自然地形，平行等高线层级升高布局，形成空间层次错落明朗的外部空间形态，

图 3-17　云山屯堡全景航拍及其地形示意图

严谨而不失活泼；并且利用边角，于地势较低处布置储藏与畜圈，体现出典型的山地民居建筑特色。这种以聚落为图、以山体坝子为底所构建的图底关系简洁统一（图 3-17、图 3-18），聚落与环境高度共生融合，给人以强烈的视觉冲击。

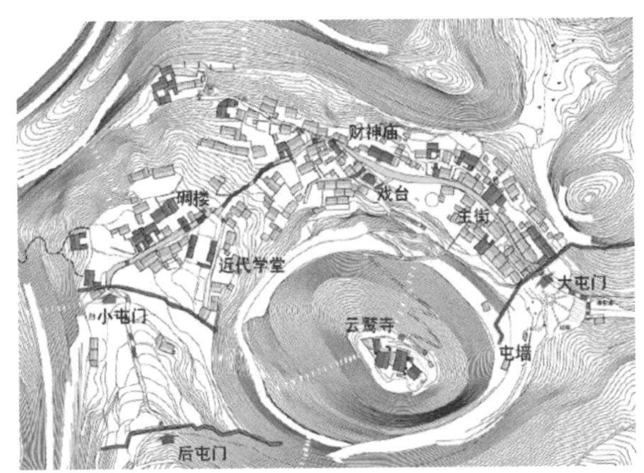

图 3-18　云山屯堡总体布局示意图

图 3-19　“一字”布局的石片屋顶民居建筑

由于得天独厚的地理位置与自然环境，云山屯堡得到很好的发展，明清时期曾一度成为手工业、商贸活动的重要场所。经历明正德年间内乱后，云山屯堡整顿集市，重修外围墙，初步形成今天的聚落格局；民国初年，云山屯堡已发展成为富足殷实之户的集聚之地（表 3-1）。云山屯堡因交通而兴，之后也因交通干道改线北移而衰。居住在云山屯堡的人们至今仍传承与保留着自明朝流传的屯堡文化。

云山屯堡发展历程　　表 3-1

	时间跨度	移民类型	屯堡类型	发展特点
第一阶段：“屯田戍边”政策时期	明朝早期	军队、工匠、商贾、灾民、流放的罪臣与犯人甚至部分元朝降军，是有组织较大规模的移民	以军屯为主，是特殊的军事防御节点	实行卫所制、屯田制度

续表

	时间跨度	移民类型	屯堡类型	发展特点
第二阶段："移民宽乡"政策时期	明朝中后期	逃荒的灾民、邻省的客民等	演变为民屯	卫所制废除
第三阶段："改土归流"政策时期	清朝早中期	集聚的商户、招募的农民等	演变为商屯	食盐等商品广泛流通、开荒种田
第四阶段：国家动荡不安时期	清朝晚期至及民国时期	商户、破产者、手工艺者等	富裕的商屯	鸦片贸易、商业空前繁荣

（2）云山屯堡聚落空间的句法轴线地图解释

基于轴线对云山屯堡聚落进行描述（图 3-20、图 3-21），这里轴线抽象地表达出人们所体验的聚落空间。屯堡聚落句法的整合度[1]轴线地图（图 3-20）清晰再现了聚落的空间结构，轴线的色谱分析则反映了空间可视性与可达性程度的层级，其中红色区域（深色区域）的空间可视性与可达性最高，黄色区域次之，蓝色区域最弱。在云山屯堡聚落的轴线地图上，对应表达聚落主街核心段的红色轴线尤为突出，其整合度非常高（R_n 2.178），这也意味着此区段主街应是聚落中最主要的人流、车流通道，是聚落中最为集聚人流而有活力的区域，由此核心段分别向东、西扩展延伸形成贯穿聚落的主街。从聚落发展过程来看，起初这只是一条驿道，明军驻扎和定居于此，之后随着人口逐渐增多，屯堡居民们便顺着驿道两侧修建房子，驿道也慢慢地被改造、修葺，最终演变成为屯堡主街，屯堡主要商业建筑分列两侧。其后年间，由于氏族繁衍与外来人口的流入，聚落空间必然需要扩张，于是民居开始往主街两侧扩散，并通过数条巷道与主街相连。作为屯堡聚落最初与外界联系的道路，也是聚落最初发展的轴线，在之后漫长的发展历程中，这条主街的聚落空间主导地位一直没有改变。屯堡聚落中整合度次高的橙色轴线分别位于主街北侧街巷（R_n 1.815）、主街南侧街巷（R_n 1.807）以及从主街通向这两条街巷的连接街巷（R_n 1.739），这意味着人们向聚落主要街道集中时都会历经这些街巷，并且从主要街道走向聚落其他区域时也更容易选择与经过这些街巷。在屯堡聚落的空间组织中，这些街巷具有重要的导向意义，承载与记录了居民社会生活和交往的轨迹与历史印记。整合度最低的区域主要为南侧的云鹫山寺（图 3-20 上深蓝色部分，R_n 0.813），从句法视角而言，此处空间最不可达，也最不易认知与理解。此外，作为屯堡聚落与外界联系的重要介质的一些公路整合度较低，并不能与聚落整体形成良好的有机联系，影响了聚落与外界之间的关系，屯堡聚落作为"孤岛"的特征再一次被强化。

[1] 整合度也称集成度，表达的是一个空间与其他更多空间的关系，它反映了一个单元空间与系统中所有其他空间的集聚或离散程度。当一个空间系统是集成的或集聚的时，则该系统中所有单元空间相距较近，彼此之间很少有障碍物能影响它们的联系；反之，则系统中单元 空间相距较远，彼此之间有较多的障碍物影响它们的联系。

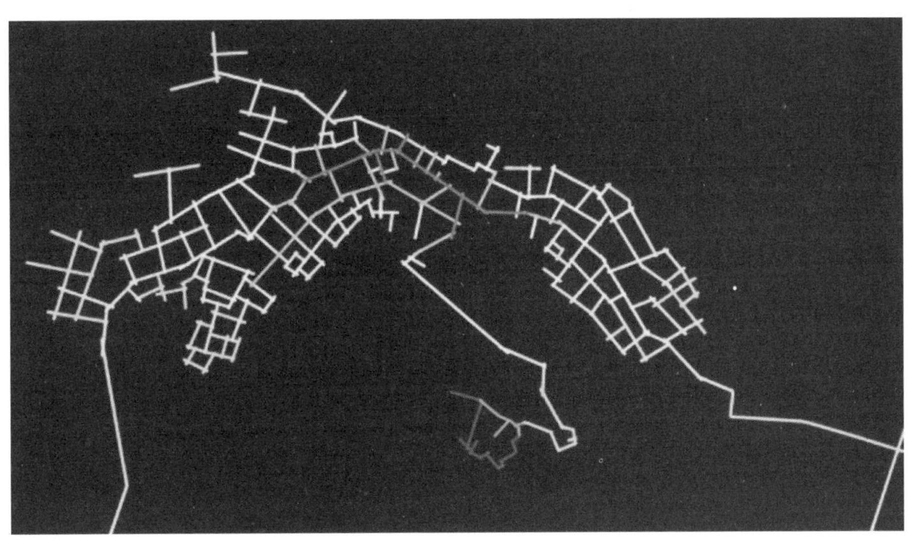

图 3-20 云山屯堡聚落句法轴线地图（整合度）（见彩图 6）

从云山屯堡聚落句法控制值[1]轴线图（图 3-21）来看，几乎整个聚落的控制值轴线都呈浅蓝色或蓝色短线，也即意味着聚落街巷控制值都较低，这是由于街巷转折过多将轴线打断为多条短线，且街巷间大都联系单一的结果。这种连接状态使得聚落空间私密性、防御性较强，同时空间具有一定的变化与趣味性。与整合轴线地图一致，屯堡聚落中控制值最高的轴线仍为主街核心区段（C_n 1.153），这条轴线联接了聚落中其他诸条重要的轴线，是聚落中起主导与主控性的空间。

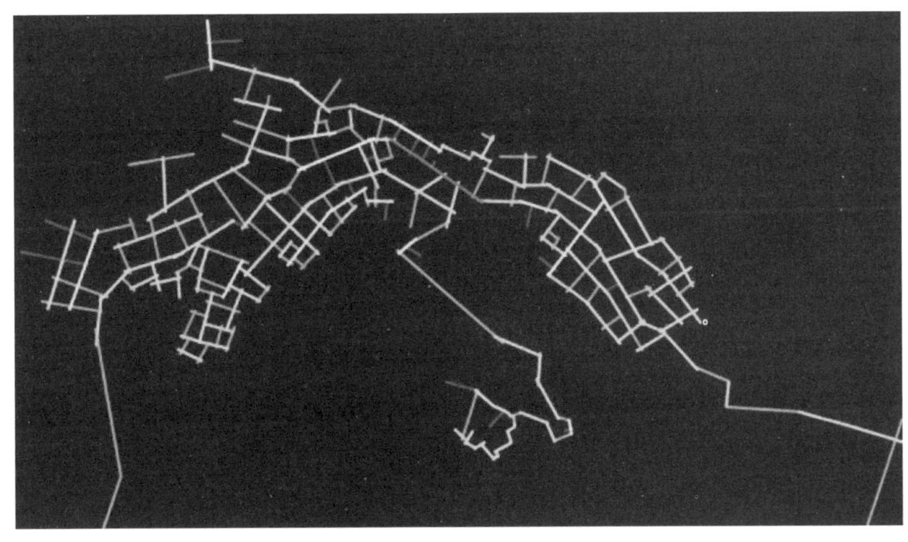

图 3-21 云山屯堡聚落句法轴线地图（控制值）（见彩图 7）

[1] 控制值揭示了相邻单元空间的关系，即一个空间对与之相交的其他空间的控制程度，其值越大，控制程度越高。

对云山屯堡聚落进行句法散点图（图 3-22）分析，可发现聚落整体回归线拟合度 R^2 为 0.476，智能值[1] 接近 0.5，拟合程度较好。各散点近乎均匀分布于回归线两侧，整合度的低值部分与高值部分的分布及变化也很均匀，空间的过渡性良好，聚落的局部与整体间形成了良好的关系，作为一个整体而言，聚落是易于辨识与认知的空间体系。云山屯堡聚落看似无序迷宫式的空间系统事实上在空间认知上却是清晰而不难理解的。

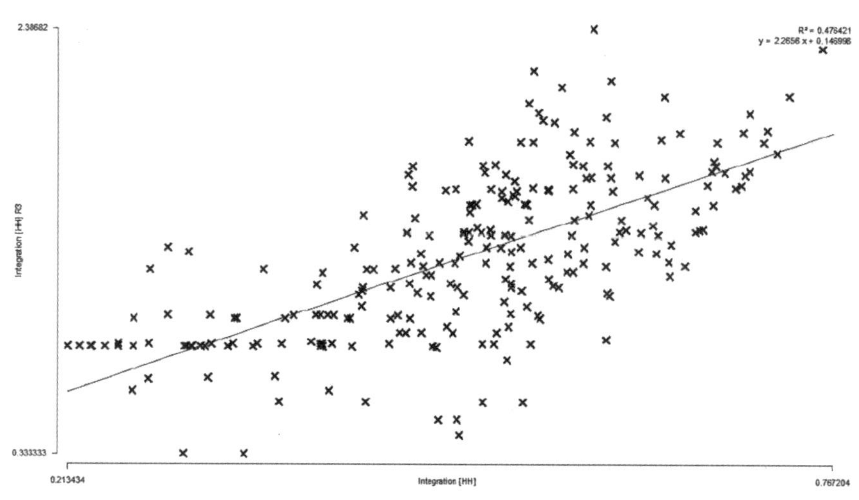

图 3-22　聚落局部与整体关系（智能值：空间可理解性）的散点图

（3）屯堡聚落空间的句法视域地图解释

在空间句法的分析方法中，视域分析是最为精确、最契合空间认知的描述方法，这里视域意指从某一确定点可视的区域，通过视域分析可以探讨不同空间在整个空间结构中的控制力与影响力，进而可以挖掘其内含的社会文化意义。视域分析的整合度表达与轴线分析的整合度表达意义相似，颜色越暖（红色）其代表的整合度越高。云山屯堡视域分析图（图 3-23）显示其可达性高的地方正是聚落主街区域，即戏台、财神庙、店铺、驿站以及中小学等所在地，这里属句法意义上的空间核心。主街往外围区域视域值颜色渐次变冷（蓝色），聚落东门范围内大部分区域呈蓝色或浅蓝色，而在聚落西侧范围则存在大量黄绿色或红橙色区域，这意味着聚落东侧入口空间处相对隐蔽，集聚、开敞而有活力的区域更多分布于屯堡聚落中部与后部区域，这里也更大程度上表现为居民活动与社会交往的公共领域。相比轴线地图，视域地图更清晰直观地表达了屯堡聚落的空间特征。

[1] 智能值是衡量从一个空间所看到的局部空间结构是否有助于建立起整个空间系统的图景，即能否作为其看不到的整个空间结构的引导。若局部范围内连接值较高的空间，在整体上集成度也较高，那么这个空间系统是清晰而易理解的，从而也是智能的。

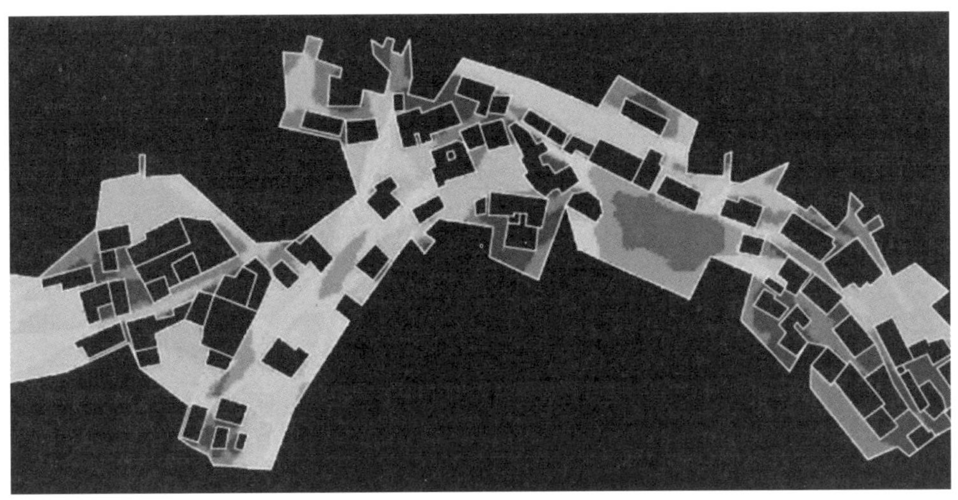

图 3-23 云山屯堡聚落句法视域（整合度）分析图（见彩图 8）

聚集系数是句法视域分析中一个重要的概念，其意指“空间边界在视觉方面的限定效果的强弱”（Batty M，2006），聚集系数的值越高（图中表现为红色、黄色等暖色系），就表示这个元素受到的遮蔽越强烈，它附近的空间边界在视觉上的限制作用越强；反之值越低（图中表现为蓝色、湖蓝色等冷色系），表示这个元素受到的遮蔽越弱，它附近的空间边界在视觉上并无太大限制作用。云山屯堡聚落句法聚集系数分析图（图 3-24）显示聚落内大半区域呈红橙色即聚集系数较高，意味着空间遮蔽性较强，属于私密性、内敛性很好的区域。并且，这种区域的存在与地段位置、面积大小、连通程度并无十分直接的联系，空间句法的分析却可将这种差异清晰而直观地表示出来。在城市系统中，这类区域对应的即是监视率低、犯罪率高的地段；而在云山屯堡聚落中，这类区域的大量存在则是聚落防御体系有效而完整的体现。

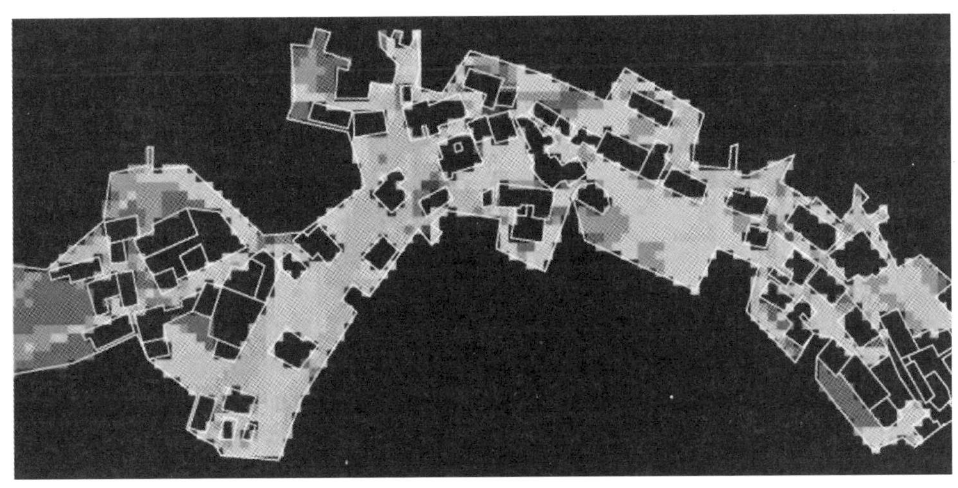

图 3-24 云山屯堡聚落句法视域（聚集系数）分析图（见彩图 9）

（4）屯堡聚落空间结构特征分析

屯堡聚落空间作为承载各种社会活动的场所，通过句法分析可揭示出其特有的空间形态特征。

① 空间结构的防御性

作为军事屯堡的演变，“军旅文化”中最典型的防御性特征在云山屯堡聚落空间组织上展现无遗。屯堡聚落句法视域的聚集系数分析（图 3-24）最为直观而清晰地呈现出空间这一特征：聚落中大量聚集系数较高区域的存在，也即大量遮蔽性强、私密性好的空间的广泛存在，围绕聚落核心（主街区段）建构出一个极具封闭性的空间整体。屯堡聚落空间组织所呈现出的防御性和内隐性在聚落轴线与视域整合度分析图上也有体现，无论轴线与视域整合度分析图都显示出屯堡聚落空间上的结合核心（图 3-20、图 3-23 中红色区域），即聚落主街，整体空间布局围绕主街向心组织，虽然聚落主街具有较强的空间控制力（图 3-21），由其延展出的多条街巷空间却迂回转折，营造出富于变化却极为内隐的防御空间格局（图 3-20、图 3-21、图 3-23 中蓝色、湖蓝色等区域，空间控制值与整合度都较低）。与别处传统聚落有所不同的是，云山屯堡聚落中集聚、开敞而有活力的区域多分布于聚落中、后部（图 3-23 中红色、黄色区域），如戏台、财神庙、学堂、店铺等的布设多集中于聚落中、后部区域，此类区域更大程度上表现为居民活动与社会交往的公共领域（整合度高），而聚落入口空间（图 3-23 中东侧前屯门蓝色整合度低的区域）却迂回曲折、幽深内敛，这也是聚落空间防御性、内隐性的体现。整体屯堡聚落空间并非具有明晰的渗透性，外来者若想直接穿越聚落并非易事，聚落中大量存在的低整合度与低控制值空间，对他们而言多少有些迷宫的意味，对聚落居民而言却极富庇护与领域的意义，他们日常的生活与社会交往便以此空间为背景而展开，整体聚落空间组织建构出收敛、内向的空间秩序。云山屯堡聚落的防御性特征也清晰的体现在其空间选址及其与自然地形的融合中，聚落中屯墙、屯门及大量石砌碉楼更是带有强烈的防御色彩，这些都反应出云山屯堡原初的浓厚的军事防御意味。若说优越的自然地形、坚固的屯墙屯门等人工构筑物等分别构建出云山屯堡聚落空间的第一、二层级的坚实防御系统，那么街巷建筑则构建出屯堡聚落灵动的第三级防御系统，街巷相互联通却又内隐、收敛，形成聚落内部密集、迂回的防御网络。

② 空间结构的适应性

无论是云山屯堡聚落的句法轴线分析（图 3-20）还是视域分析（图 3-23），都清晰的呈现出聚落空间的层级性，自中心主街至外围街巷，空间整合度值域逐渐降低；主街所串联的空间作为聚落最核心的空间在句法地图上凸显（图 3-20、图 3-23）。屯堡主街最初只是一条驿道，因其地处山谷之间的优越防御地势，由驿道而发展演绎为明代屯田驻军的聚落，作为当初唯一与外部联系的交通干道，主街是聚落最为重要的交通运输通道。明末清初，云山军屯逐渐转变为商屯，而主街也逐渐演变为聚落商业中心、集合庆典及商议事务的场所，但不变的是其作为屯堡聚落布局核心及其在整体空间中的主控地位。虽然原初作为军事屯堡的历史遗风在云山屯堡聚落空间形态中仍有迹可循，但云山屯堡文化在历史的演进过程中具有非常强的适应性。伴随军事屯田制的衰落与消退，屯堡文化蓝本中的江淮汉文化更为突显，折射在聚落空间组织上，是其商业模式与宗族管理的社会组织模式的显现，表现为商业空间及宗祠庙宇在聚落布局中占据重要地位。作为商业中心的主街不但处于聚落布局网络中的句法核心地位（整合度最高），其平均宽度更可至4.5m，与沿街建筑高度之比约为1∶1～1∶2，这在布局紧凑的屯堡聚落中已算难得的疏朗，可见这是为了适应货品运输与集市交易空间的需要。尽管相对江淮聚落而言，云山屯堡中宗祠并不突显，但类似财神庙、戏台之类的公共建筑及其广场在聚落布局中却分外突出，是聚落居民最为认知与集聚的公共空间（图3-23，整合度值最高），与由此延伸出的其他街巷空间共同构建出聚落空间秩序的控制网络，并使其有着统一的整体感与向心性。这类空间类似于江淮传统聚落中的宗祠及其所代表的宗族意识约束与维系着聚落整体的空间秩序，稍有不同的是这类空间适应性地整合了宗族意识与村规民约（包含军屯制度的遗风）等，不仅具有形态上的控制与主导性（图3-21、图3-23，控制值与整合度最高，暗合了句法的核心），更是聚落人文精神的核心所在。屯堡中重大的庆典、仪式、集会、议事等公共活动通常在此举行——它具有某种权力特征与秩序观念的“公共领域”性质。承袭了汉文化中宗教信仰的传统，在迁徙的军旅生涯中云山屯堡村民也形成了自身独特、适应性的宗教信仰，一种整合儒、释、道、巫等多元化的宗教信仰。财神庙位于戏台对面（图3-18、图3-23），处于屯堡聚落主街核心区段，这里整合度值域较高。由主街南面戏台“Z”字山路迂回往上，拾级而上600多级的石阶，便可见云鹫山顶释、道、巫三教合一的云鹫山寺。这座位于山顶的古刹，云深不知处，在聚落整体空间网络中处于整合度最低的区域（图3-20，R_n 0.479），以句法视角而言，不同于财神庙的外显，这处是最不易接近、内向性的空间，这与寺庙的功能及社会历史文化密切相关，也是其作为屯堡聚落精神宗教信仰的适应性、内隐性的表征。

③空间结构的自组织性

云山屯堡聚落最初的发展，“军旅文化”的印记不可忽略，譬如，沿驿道发展的聚落布局，在之后漫长的发展历程中，作为“孤岛”的屯堡聚落发展越发彰显出其空间结构的自组织性，这在聚落空间构建中展现无遗。以句法视角释义，屯堡聚落空间以主街为导控（图3-20、图3-21），由此延伸出的轴线将屯堡中心与外部联接起来；数条迂回曲折的街巷将各个民居院落与空间节点串联，民居、驿站、庙宇、戏台、碉楼等建筑依山就势、层级错落布设。聚落整体表现为句法层面上的变形格网，这种格网街巷的掌控以及格网交汇处呈现的多处凸形节点空间构建了整个屯堡聚落的格局（图3-20、图3-21），也即聚落街巷空间叠合并串联节点空间共同塑造出屯堡聚落连续流动的外部空间，人们日常的社会交往与行为活动便在此类空间中不经意展开，也是这类空间界定出民居院落空间的领域属性。若从句法空间认知的视角而言，屯堡聚落的智能值较高（图3-22），聚落各部分空间过渡性较好，聚落空间结构对聚落居民而言是清晰而易于认知与感受的，在外来人看似无序迷宫式甚或有些排斥意味的空间系统对居民而言却是易于定位与掌控的。这也就是说，在历史的演进中屯堡聚落生长并非漫无章法的无序，而是无形中遵循了一套规范或法则，并以此建构出本土居民认知与归属的聚落空间形态；而主导屯堡聚落营建、生长的法则或可解释为是聚落传统固守的人文思想、民俗规范与建设法则。在屯堡长期相对封闭的发展环境中，聚落居民自愿依照这套法则自主建房，所有民居建筑顺应自然地形山势毗邻而建；在其扩展过程中，聚落也是有序的沿着山谷，由大屯门、小屯门、后屯门依次有机生长，而并非另择区域跨越发展；这种自为性还体现在屯堡民居建筑风格与形制的统一与渐进式发展上，屯堡丰富的建筑形态背后的建筑形制、装饰或是材料等无不体现出默契的地域文化的同一性，屯堡整体建筑呈现出有机、统一生长的风格。屯堡聚落营建活动约定俗成，依循传统的模式与准则进行，这是聚落居民本身参与决策的营造实践，在此过程中聚落与环境、聚落与社会之间较长时间的逐步磨合与调适，更多表现为自发式建造的特征，也即空间结构的自组织性。

3.3.3 小结

对传统聚落的研究，虽然句法着眼点是切实的空间，但它所主要关注的是聚落及其建筑空间中落下和包容的人的行动轨迹与使用区域。句法地图所捕获的是聚落整体的、抽象的、关系的并且是动态的“拓扑”空间，这个抽象的拓扑空间关系网络所描写和记录的实际上是人的行动轨迹与实践活动的烙印，也就是说，句法的空间强调社会功能和实践性。文中对传统聚落的句法分析还只是初步探讨与尝试，却可以发现句法方法对聚落研究的诸多有益启示。比如，传统对古村落的保护多关注建筑的构造与体裁方面，而忽略了村落空间结构的深刻变化，句法理论却表明正是这种村落内部的空间网络揭示了深刻的社会文化特征，并构建了日常社会交往的基础，是村落伦理与美学维度的表征，因而对古村落的保护，其空间结构整体亦应作为保护对象。对乡土建筑单体的保护也应如此，强调其内部空间结构整体的重要性。

句法对聚落的研究方法与现今常用的建筑文化人类学方法有些许类似，它们对聚落的系统研究可概括为：

（1）研究聚落的物质结构，通过形态学中的聚落、街区的形态结构（表层结构），探求其中的物质链、社会链、经济链等深层结构（属于结构主义人类学的范畴）；

（2）研究聚落的拓扑特征，通过拓扑学对聚落空间形态的共时性进行图形学分析，进行抽象、提炼，找出一般的构成规律；

（3）研究聚居的历史演化和进化，把握聚落空间形态变化的历时性规律，用类型学的观点来分析聚落的原型、变体及转变过程中的影响因素；

（4）研究聚居空间和行为的关系，是句法与建筑文化人类学的重点部分，因为不能理解建筑、环境的含义，也就无法理解聚落环境。

关于句法与人类学方法，希列尔有过一定评述（1984，2001）。希列尔曾说到结构人类学的一些研究对句法研究的一些方向性指导，他认为，结构主义人类学通过对空间客观清晰的外在分析来研究社会的或是精神的发展过程；并从空间入手进行分析，以此所分析出的社会现象不仅从物质的结构上，还从空间的秩序上反映了文化的维度。但希列尔也指出，结构人类学家的不足之处在于，他们对空间的研究是从外部入手的，这种研究的方法既没有把空间作为一个整体系统来理解，又没有从空间自身出发来理解社会，他们仅通过有限的事例把空间秩序的识别性作为空间结构里的社会组织的烙印。句法则是在一定程度上完善了人类学的方法，并且它超越传统方法之处还在于其客观、理性及可量化的操作。传统聚落是一个有机的整体，聚落的研究须结合其所处的生活环境、社会组织、经济制度、宗教信仰等形成的文化环境以及自然环境，只有这样才能更深入而全面的把握聚落，而这需要倡导与探讨多种方法的融合。

4

空间句法实验性案例研究之功能视角

4.1 句法关于聚落功能的解释

鉴于城市聚落的功能较乡村聚落的功能复杂许多，本章重点关注城市聚落的功能研究。建筑形式、空间几何结构等是对城市空间层面的物理表述，而其城市功能则解释了土地的利用模式、社会经济现象，并关注于空间场所是如何运作的，也即人们如何使用空间，可以说功能维度揭示了城市形态下的深层含义。

作为城市的释义语言，句法的策略之一即是通过分析物质城市空间表述来尝试理解其结构，进而研究此结构是以何种方式与显现的功能相关联的。而诸多句法研究结论皆表明城市结构与城市功能包括城市运动方式、土地利用模式、社会经济现象等方面之间存在系统的联系。句法相关研究通过对建筑和城市空间的大量案例进行结构形态分析（Hillier and Hanson，1996，1998，2003；Peponis et al. 1996，1998，2009；Desyllas et al. 2000，2006，2011），然后与实际观察到的活动和功能作比较，在剔除各种干扰因素后，发现空间结构与空间中的活动有明显的对应关系。即如果没有特别的情况，且排除了路况等因素的干扰，则在大多数案例中，集成度和可理解度较高的地方，往往具有较多的人流和车流。而人流和车流与城市用地性质、土地利用强度的分布紧密相关，人流车流的集聚极易影响零售、商铺、居住等的设置及土地的高强度开发，从而形成所谓的“生活中心”（意象中心）。大多情况是因为集成度高的区域吸引人流，从而吸引店铺到该区域。高集成度区域各类空间经济要素集聚效应的存在关联于城市土地级差收益，若按市场供求均衡的原理，集成度高的中心区段地价会上升，从而产生排异现象，譬如将附加值低的产业依次向聚集体外围排斥，以控制城市积聚规模的自动平衡和保持积聚结构始终处于高效益的运行状态，从而使各类用地布局按性质的不同呈现出明显的区位特征。

对土地利用模式等城市功能及其影响因素关系的研究，一直是经济学、城市地理学和城市规划领域所共同关注和持续探讨的课题，经典的如 Christaller（1933）的中心地理论、Alonso（1964）的土地利用模型等，然而这些理论都未能描述城市形态对土地利用的影响。句法理论则指出城市的空间结构形态，通过对运动的决定作用而影响到整个城市的运行（Hillier，1998，2003），从而说明了土地利用模式等城市功能的差异 。Dessyllas（2000）在其博士论文（The relationship between urban street configuration and office rent patterns in Berlin）中研究证实柏林的中心区域是依照街道模式的改变而变迁的，Dessyllas 也发现确实在街道格网的空间结构与土地价值模式间存在一种关联。他的研究中应用了句法模型测定街道网络的形态，而整体集成度描述了每一街道在整个形态结构中的作用。其结论表明了土地利用的模式不是依赖于地块位置的当前区域条件，而是关联于相对整个城市而言该位置所具有的潜力。所有这些都证实了土地利用模式能够以句法结构模型解释，也正是这种结构影响了城市的运行模式。

也就是说，空间结构是影响城市功能发展的主要因素，城市的空间形态，通过对运动的决定作用影响整个城市的运行，进而促进不同的土地利用模式及社会经济现象。总体而言，城市句法地图与句法参数显示整体（局部）集成度与城市运动及土地使用模式高度的相关性，集成度越高，区域运动越密集，此类区域土地使用多倾向于商业或市场用地，而后该区域自然地会吸引更多的人流或运动，而集成度较低的区域更多的是居住或其他要求安静的场所所在。以此种方式，城市网络逐渐演变为一种集繁闹（busy）与安静（quiet）区域无缝结合（seamless）分布的网络模式。并且，土地利用模式的转变，尤其是生活中心向城市边缘区域的移位，通常伴随于因区域生长演进而引发的句法轴线地图集成度的演变模式（Hanson，2003）。句法分析还揭示出一个普遍存在的规则：居住区域多是不连续而分离（broken and segregated）的格网结构，由大量的街区（blocks）组成，很少有孤立区域（islands）（图 4-1 中典型的蓝色区域）；而商业区域通常有更多直交（orthogonal）的格网结构（图 4-1 中左侧红色格网区域），

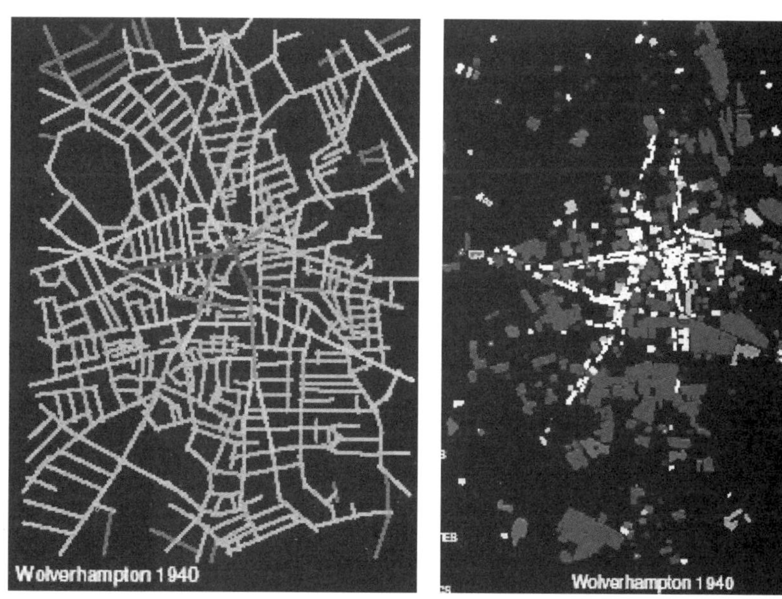

图 4-1 英国伍尔弗汉普顿句法分析及其土地功能布局（1940 年）（见彩图 10）

它们许多成点状分布而较少占据整个街区。句法“运动经济体”理论可对如上各现象综合解释：城市的空间结构形态，通过对运动的决定作用影响整个城市的运行（Hiller et al.，1996，1998，2003，2008）。这种“运动经济体”可以说是“自然运动（城市空间形态结构本身所决定的运动分布）”衍生的概念，自然运动决定了人流、车流的空间分布，而人流和车流是与城市用地布局、建筑密度分布等紧密相关的，因而这些差异都可看作运动的增殖效应。也正是通过空间结构、运动与土地利用模式、城市功能布局等的相互作用机制，可以揭示诸多城市形态结构与社会经济的联系。城市格网的特征确定了对运动经济的促进或控制程度，具有较高集成度的格网结构区域能够产生强烈的运动经济，进而发展为从运动中受益较大的功能区域；而从运动中受益较少的功能区域则集成度相对较低，但所有的格网结构都能够产生一定程度的局部运动经济。所以，城市可以看作形态结构作用下的“运动经济体”。

4.2 实验性案例——北京城市分析

4.2.1 研究概述

本研究所选择的案例城市北京已有三千多年的建城史和 850 多年的建都史，现今有 2000 多万常住人口。相比世界其他大都会，北京有其显著的特征：她是全国政治中心和文化中心，是世界著名的历史文化名城。长期以来北京的城市性质与职能对其发展产生了极其深刻的影响，也决定了它的空间演进模式非同于中国其他城市。现今北京城市的快速扩展需要我们重新审视城市的发展历程及其发展原则，包括对城市潜在地域文化模式的考虑，对城市历史文化遗存的保护，以及在全球化视角下对城市功能实体的转变等诸多问题的高度关注。在对北京城市发展的广泛探讨与预测背景下，本研究尝试引入城市网络的观点来理解北京在其历史演变过程中空间结构形态的变迁，进而分析其城市功能演进模式并揭示这两者之间的内在关联。城市空间格局中，城市中心（无论整体或区域）对城市功能模式而言有着本质的意义，因其间各类建筑形式与繁杂功能的聚集，中心也是最难以理解的，因而在研究时也应关注城市中心的功能集聚性是否最直接关联于空间结构。本案例借鉴空间句法理论及其相关研究，其中融合了定量分析与比较研究的方法。作为理解城市空间的社会逻辑语言，空间句法将人类活动有机结合，提供了一种可用于定量描述城市模式结构的空间语言。大量的实例研究成功证明，句法理论对城市空间理解与模拟的解释，有助于深入认识城市的空间本质与功能（Hillier et al., 1996，2000；Jiang P，Peponis J，2005）。句法分析中城市空间每一轴线皆具有相应的句法参量，这些数值存在空间系统内在量化关系，它们与城市空间的社会功能存在严格的逻辑联系，故而可以从轴线句法数值推演对应的空间功能模式。本案例研究中，句法方法的选择应用，使仅基于城市空间结构的解析描述，有可能在一定程度上客观反映城市系统的功能性。

4.2.2　研究数据与方法

依据设置的主要研究框架，从历时的视角探讨北京城市演变过程，通过比较不同年代的城市空间句法地图释义城市空间的演变，中心旧城结构及其演变在句法地图上可清晰显现，研究中也包括了对部分社会经济历史资料的分析。文中句法分析是基于城市历史地图，分别包括以下年代：1982 年、1993 年、2003 年，即通过句法地图解释城市格网并对其进行结构性释义。各年代的句法地图分析涉及空间半径 n 内的集成度（城市整体集成度）与半径 3 内的集成度[1]（城市局部集成度），并且句法地图上对每一轴线的分析都是基于相同的半径范围，这样以减少空间系统边缘离散趋势的影响，从而优化整体空间的分析。

此外，城市功能模式的分析侧重于对城市空间土地利用的考虑，对于首都北京，其行政、文化、商务等功能则需要着重强调，而这与政府政策息息相关；其他诸如零售业、市场等同样也是作为城市功能考虑，这些高度关联于“生活中心”的概念，由“自然运动”（由空间结构本身所决定的人们运动分布与行为模式）而衍生。从对特定空间条件的要求和其所形成的空间环境而言，后者区别于北京主要中心行政的功能，因此，对于城市空间所有显现的功能模式包括行政、文化、商务、零售等研究都予以关注。

4.2.3　句法分析：方法与发现

句法特征的分析旨在揭示不同年代城市系统之间的句法差异，可以用轴线集成度的度量值解释，许多研究已经成功证实这一点（Hillier，2001，2003，2009）。轴线地图分析包括整体集成度与局部集成度，集成度反映的是研究的单元空间（轴线）与系统中所有其他空间的集聚或离散程度，其中整体集成度是从城市网络全局范围内考虑相应研究轴线的整合度，而以局部集成度则可理解局部空间格网情形，它所预示的是区域“生活中心”。城市演进中，城市空间模式作为一个连续系统，不同年代城市空间所表现出的句法差异可以用句法地图、句法参量及其统计分析散点图描述，列表（表 4-1）与散点图显示了北京城市演进过程中句法参量的变化，而通过句法地图则可考察不同年代中城市空间的几何拓扑特征与结构逻辑变迁。

北京不同年代句法参量　　表 4-1

年代	平均整体集成度	平均局部集成度	平均全局深度值	平均局部深度值	平均连通值
1981	1.293	1.779	8.165	2.531	3.218
1993*	1.297	1.772	7.907	2.535	3.185
1993	1.171	1.711	9.094	2.509	3.085
2003	1.098	1.728	9.269	2.418	3.027

*　表示为北京旧城的句法参量

[1]　作为空间句法参量值，整体集成度表示某一个空间与整个系统内所有空间联系的紧密程度；而局部集成度则表示某空间与其附近几步内的空间之间联系的紧密程度，通常计算三步范围，称为“半径－3 集成度”。

1982 年的句法模型呈现出“格网”（grid）形式与非常清晰的城市脉络，始于紫禁城的南北向与东西向轴线构成了北京的主要结构，并赋予空间严格的几何造型。过去的南北向轴线几乎还是对称的将城市分为东西两半，紫禁城位于城市空间的几何中心，可以说往昔帝王城市的空间及特征表达还烙印在城市空间上。传统的胡同格局在句法地图上清晰显现，胡同空间作为北京城市特定的可识别标志，它的存在丰富了城市空间肌理，创造出一种近人的空间尺度。在北京旧城胡同区相对集中于紫禁城北面，正交的城市空间秩序终止于旧城的胡同，规则的道路网至那里被分解为迷宫般的胡同。在句法地图上（图 4-2），北京城市肌理表现出一种有趣的双重性：一方面是清晰的城市轴线与主要道路网络（句法图中亮颜色轴线），而另一方面却是错综复杂的微型结构（句法图中暗颜色轴线区域）。从城市交通角度而言，句法地图上虽然表现出东西街道密集的肌理（因传统合院建筑的南北轴线布局使街区趋向于向东西两翼展开），但城市中缺少穿越城市的东西向主干路，东西向轴线中除长安街外其余轴线集成度都不高，并多为短轴线，封闭的“大院”空间（如紫禁城）一定程度上分割了城市路网，并且影响路网系统的整体性。句法地图上也清晰显现出城市南北的差异，其结构肌理不同，城北街巷的走向总体呈棋盘格状，东西胡同多与南北大街垂直交错，而城南街巷道路弯转曲折、纵横交错，城北空间较城南空间更为整合，而城南区域的局部空间和整体

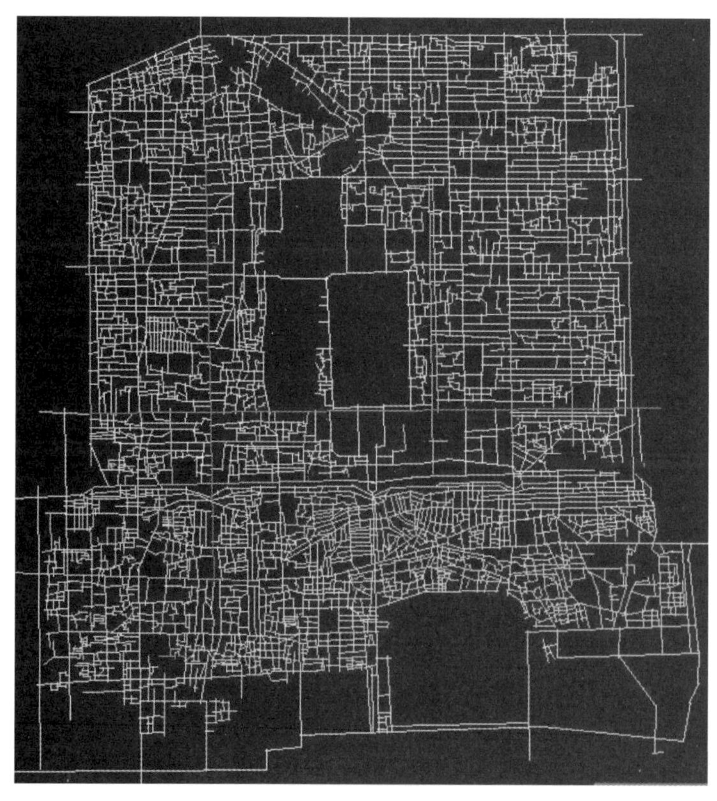

图 4-2　北京城市空间整体集成模式的句法表达（1982 年）（见彩图 11）

空间之间的可理解度和协同度都较差。

通过对北京 1982 年的集成度分析表明，北京旧城是整体集成度中心的延展，轴线地图包含了许多短线段，它们终止于其他轴线，这在局部与整体轴线地图上都有显示。轴线地图上最为突出的轴线也是主导集成核[1]（R_n 2.355），并几乎也是横穿城市空间的最长轴线：长安街（及其延长线），与其正交的其他南北长轴线集成度也表现出较高的值（R_n 2.225，R_n 2.040，R_n 2.01，R_n 1.858，红色代表值最高，黄色次之，蓝色最弱）。

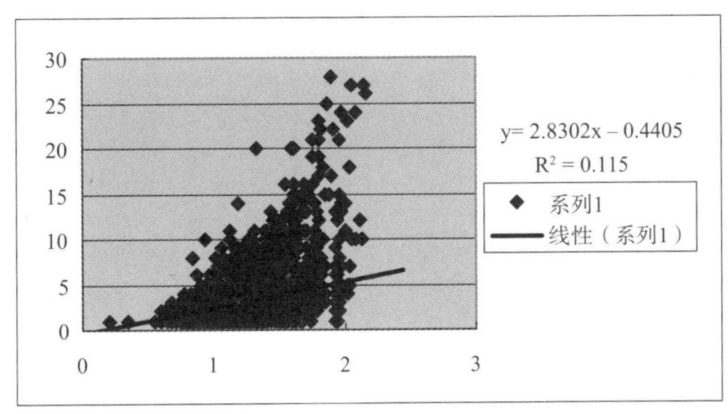

图 4-3　句法集成度与连接值关系（空间可理解性）的散点图（1982 年）

北京城市空间在 20 世纪 90 年代扩张较快，这源于城市自身的发展，也是受当时国家政策的影响，北京这 10 余年间的扩展与变化可以通过轴线地图比较分析。虽然城市建成区域大幅度增长，但北京旧城结构的重要性却因城市空间单中心发展模式而仍旧维持着。具有多年历史的几条主要街道诸如长安街（R_n 2.104）、西单（R_n 1.862）、王府井（R_n 1.673）等所构成的旧城结构无论在城市整体还是局部层面仍是城市主导的集成核；与此同时，旧城中的一些区域已经逐渐丧失其整体的影响力而演变为局部区域中心。以整体的视角，城市结构相比 20 世纪 80 年代呈现出更为典型的向心模式，旧城外围的“大院空间”在句法地图上也清晰显现（图 4-4），这可以解释为中国社会发展阶段中的一种特殊空间形态。旧城周围发展起来的区域其生长机理并不同于中心旧城，因而旧城外围空间几何特征也表现出与旧城结构的不一致。中心与外围“格网”联系还不强，“旧”与“新”格网主要通过几条环路与放射性道路相接，整体城市空间不同于传统欧洲城市，并不具有明晰的渗透性与连续性。相比 20 世纪 80 年代的句法地图可以发现，旧城的轴线密度有所下降，由于大量“迷宫”般胡同空间的消隐，旧城空间的平均整体集成度与可理解性（反映局部区域与整体城市关联关系）有一定的提高（R^2 由 0.115 增至 0.1226）（图 4-3、图 4-5），相应空间的层次性有所减弱，但城

[1]　参照句法理论，在整个空间系统结构中，必然有一部分轴线的全局集成能力处于支配地位，这部分轴线构成了城市的全局集成核，全局集成核具有最强的渗透力和集成力，代表城市中心性最强区域。

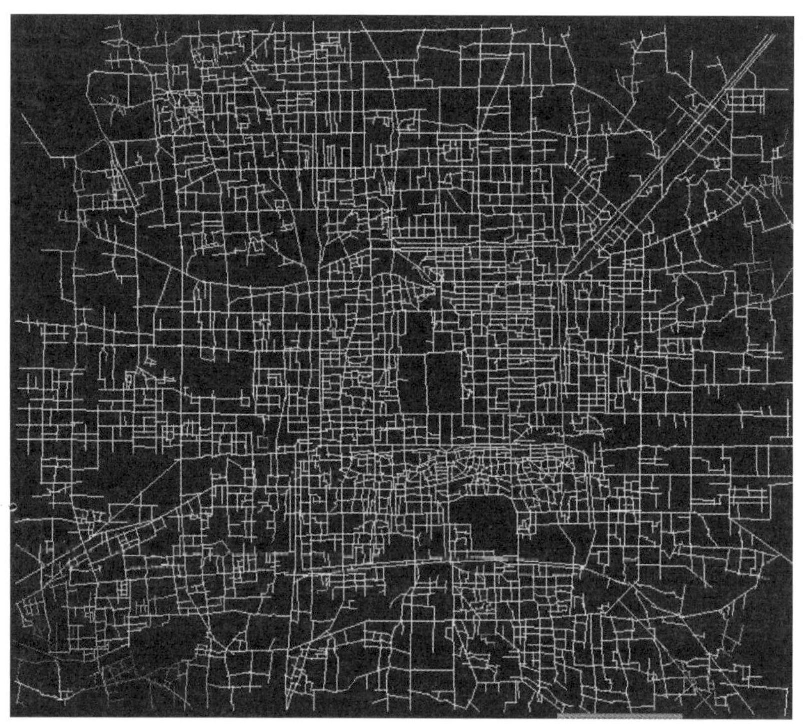

图 4-4　北京城市空间整体集成模式的句法表达（1993 年）（见彩图 12）

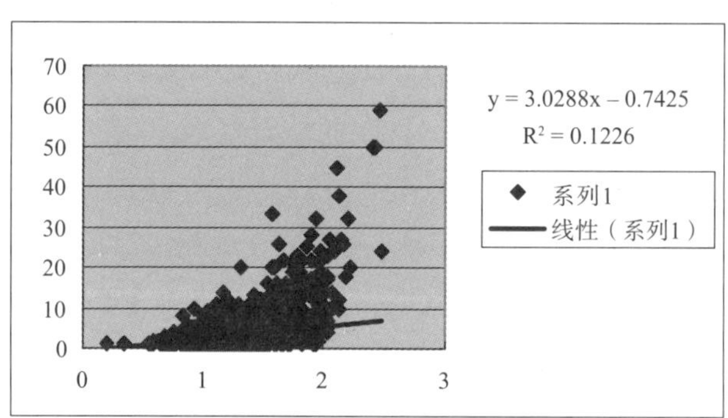

图 4-5　北京旧城句法集成度与连接值关系（空间可理解性）的散点图（1993 年）

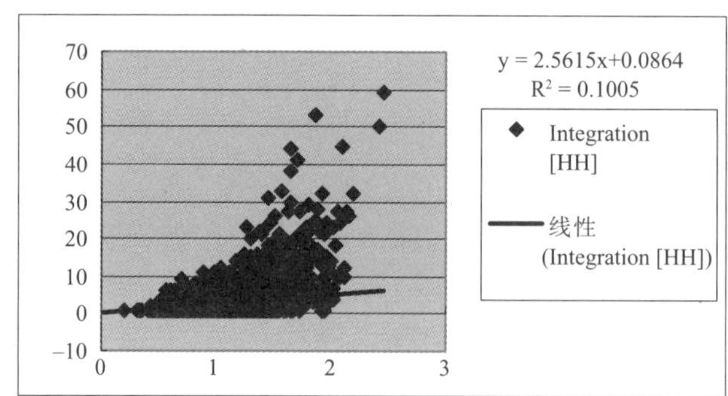

图 4-6　北京城市句法集成度与连接值关系（空间可理解性）的散点图（1993 年）

市整体的集成度与可理解性（R^2 为 0.1005）（图 4-6）却是降低的，这意味着整个城市空间结构随着空间尺度的增大越发复杂而不可理解。

相对于 20 世纪 90 年代，北京在 21 世纪初的发展有所减缓，一个重要原因也许可归于中央政府对土地使用的宏观调控政策。2003 年的句法地图（图 4-7）显示城市空间继续保持并几乎是强化着其典型的单中心同心圆发展模式，尽管整体结构仍具有放射的风车形态[1]。基于句法的城市结构及整体—局部关联分析，可以发现北京旧城传统模式部分得以维持着，诸如城市集成核、集成度值域的空间分布模式、城市系统中不同部分的差异（城南、城北）、局部—整体关联等，可以说旧城基本框架还是保护与延续着，但也表明了空间形态与结构量度的变化，表现为这样一种趋势："形态简化"（morphological simplification）增加的过程，并非激烈的剧变。在微观结构上，北京旧城空间的转变，不仅削减了传统空间元素的层次性，而且使其相当一部分隐退在整个空间系统中。典型的胡同格局继续遭受破坏，还有空间尺度扩大化等现象。在整个城市空间中，介于中心放射道路与环绕城市的主要环路（三环、四环）之间许多小的环路系统丰富了城市结构，而部分主要环路已经逐渐演变为北京新的主要轴线，城市的集成核也逐渐由以中心轴线为主的树状集成核逐步转向融合中心外围环路的环轮形集成核。但有趣的是，旧城仍然维持着其"生活中心"（living centre）的情形，也仍然包含了许多非正交的短轴线。城市新扩展区域与旧城通过部分强劲的轴线诸如长安街（延长线）及新发展的放射轴线等联系着，相比 20 世纪 90 年代，这种空间的联系更为整合；以特征释义的最直观的空间几何差异也导致了句法值域的不同，反映在系统中各部分关联的强弱，譬如城北空间的联系仍然较城南空间整合，城北空间的发展状况仍较城南好。北京城市肌理的两重性仍然显现在句法地图上，可以发现许多新建的区域，它们虽然与宽直的道路相连，但其内部的结构却非常复杂。

以城市整体发展的视角，轴线之长度、相交角度以及交叉距离等呈现在句法地图上的相关度量特征都是可以研究的，而地块尺度、地块数目与交叉数量等诸特征亦非常适宜于对空间拓扑结构的分析与探讨。北京的研究中显示，在设定范围内（假设为第一步），轴线长度是渐增而后又减少的，这种趋势可以解释为尽管城市在剧烈城市化过程中引入了许多长轴线，但后来城市空间被大量的居住区域所占据，从而长轴线被诸多迷宫式的短轴线所分割。而同时，平均截面（交叉口距离）长度却又呈上升趋向，新旧轴线连接是以最终形成地块的尺度与形状为代价，Jacobs 与 Hiller 的理论都言称随着时间的演进，尤其近 20 年，欧洲城市中地块尺度与街道模式扩大许多，北京城市的演变也是如此，考察城市中单个空间的几何特征，相对于以前地块，"欧氏"量度值有所增大。

[1] 希列尔认为不同城市形态，在几何上可能千差万别，但从图论角度而言，它们具有相似的拓扑形态；从集成度而言，它们则具有整体上风车状的空间拓扑形态。

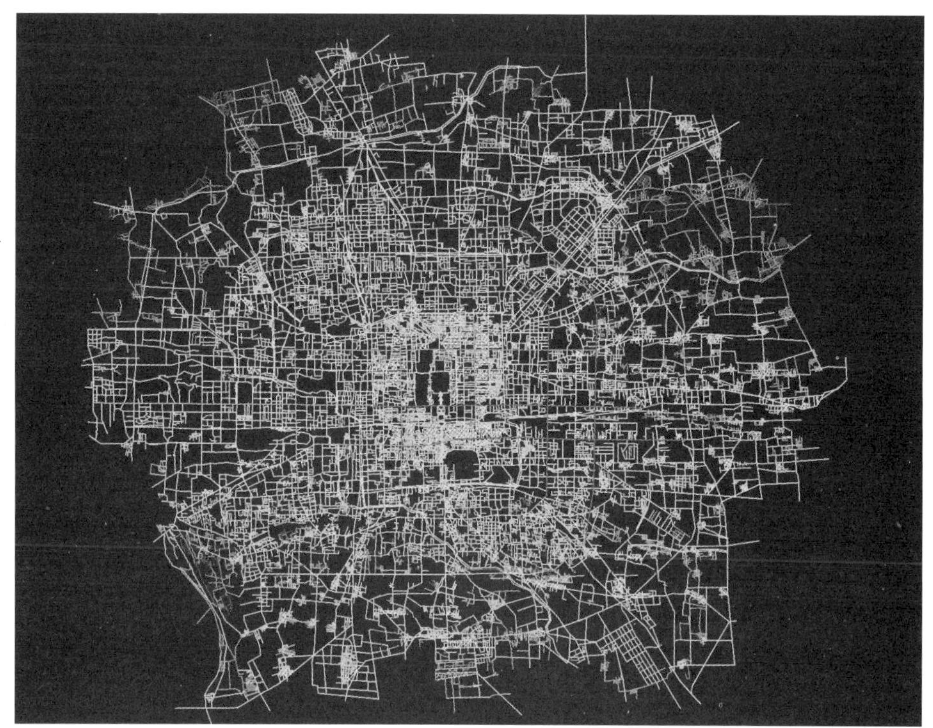

图 4-7　北京城市空间整体集成模式的句法表达（2003 年）（杨滔，2006）（见彩图 13）

以上是几何特征的探讨，而句法量度则可揭示空间的拓扑特征。顺次分析北京句法地图，可探讨的是若以高集成度轴线分布区域定义的城市整体中心并未变动，高集成度轴线包括最主要的中心轴线与主要的街道，诸如长安街、西单街（延长线）等（图中红色轴线），这可归因于北京城市空间所维持的单中心放射式发展模式。在局部层面，旧城空间系统却演变得更为可理解与可渗透（可能源于部分胡同空间的改建），这在相应句法参量的平均、最大及最少值中都有所体现，图表中参量系数分析表明虽然其尺度逐渐增大，但其空间“同质性”（homogeneity）还在一定程度上保持着。可解释的局部现象是，局部集成度值有一定伸展，离散的、迷宫式的尽端轴线逐渐减少，换言之，可以推测的是城市空间系统层次性减弱，或以希列尔所言空间更为“民主”（democratic）。参照句法理论，空间结构形态也是社会输入（social inputs）的反映，空间分析指出存在于系统结构之间的结构性差异可认为是受社会意识或政策的影响，而在将来理解、规划以及更进一步的城市改革的逻辑中应该融入此类研究所探讨的城市网络决策。

4.2.4　功能分析：方法与发现

在分析北京演进过程中空间结构（格网）的变迁之后，将集中于城市功能模式的研究，并试图解释这些功能如何随着时间而转变或维持其稳定状态。空间句法理论认为，城市的所有社会功能取决于其中行为主体的运动流，人流运动带来经济性，空间的社会职能因此产生，而人流运动则产生于城市空间格网，即所谓的“不均衡组构”原则。

因而句法理论认为城市空间格网与空间社会属性存在高度关联，两者在城市系统内是高度耦合的互动子系统，城市空间的社会性功能可以通过对城市空间格网的分析加以解译和优化。本章尝试探索“城市向心性”（urban centrality）与“生活向心性”（living centrality）等功能方面，关注城市土地利用模式，考虑到历史数据获取的局限，侧重于分析北京行政、文化、银行、商业零售等不同年代的位置与分布。

历史演进中北京旧城一直保持着城市中心功能的主导性与在城市生活中的重要性，20 世纪 80 年代的城市“生活中心”是围绕城市核心历史区域而发展的，这在句法地图上有所展现。城市功能的分布受国家政策影响较大，作为首都，北京的主要功能是政治中心和文化中心，这很大程度反映在城市布局上。行政办公中心（中南海）几乎是位于城市中心，一些重要行政的、纪念的大尺度建筑（人民大会堂、中国革命历史博物馆等）布置在城市中心集会广场（天安门广场）周围，其他重要的行政建筑、银行、文化设施、商务设施等沿长安街展开。长安街作为城市主轴线与主动脉，具有极高的空间局部与整体集成度。整体层面上城市集成核被城市典型功能所占据，从而形成富有象征意味的城市空间。在旧城中（图 4-8），20 世纪 80 年代还存留有许多工业，包括一些污染的工业；城市商业用地在空间上并不集聚，大部分散落在不同的地块中，这种现象可以解释为受当时计划经济的影响。“单位大院”还是当时城市中主要的生活单元，它包括了居民的诸如商业、娱乐、教育等主要生活设施，旧城中混合了以行政办公为主，兼具商业零售、居住、工业等多种功能。行政办公、商业文教等，以及交通组织在旧城的高度集聚，促成了城市向单中心环形结构发展。尽管 20 世纪 80 年代的城市空间中有着深刻的社会政策时代烙印，但从城市整体层面，却仍然可以依据希

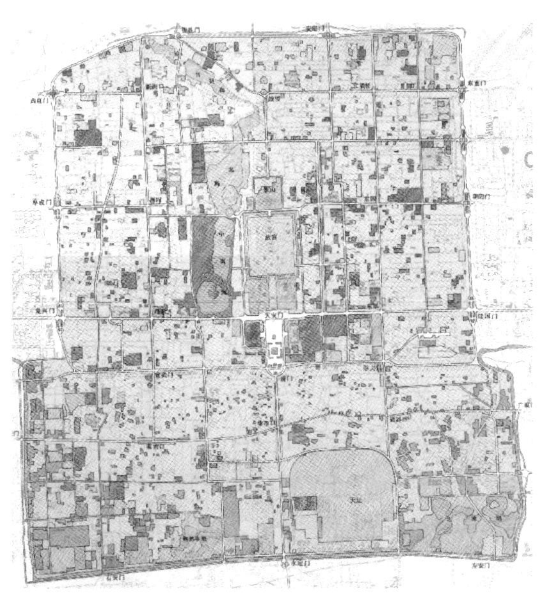

图 4-8　1981 年北京城区土地使用现状图

列尔（1996，1998）等构建的空间句法理论解释：城市全局集成核是整体城市空间格网中人（车）流的汇聚中心，能够通过“倍数效应”衍生运动经济，从而使集成核社会经济功能远远强于非集成核区域，成为城市社会的中心。

目前研究中尚缺乏20世纪90年代土地利用分布等相关社会经济数据，但从句法地图上可以推测的是北京城市的功能模式有所强化，其“生活中心（live centre）”仍是位于旧城，长安街作为城市主要轴线，具有历史与政治的重要意义，连接着城市“生活中心”。对于20世纪90年代北京城市功能模式，较为重要的是，尽管城市空间表现出更为集聚形态的趋势，但随着旧城周围格网在演进过程中的强化，许多关联着中心功能的街道逐渐发展起来（句法地图上所显示亮色的环路与放射道路）。在北京城市空间拓展过程中，几条高集成度轴线所形成的集成核维持相对稳定的状态，诸如长安街、西单、东单、王府井等承载着诸多城市重要的功能与社会活动，在城市变迁中它们一直保持着较高的集成度与重要性。2000年之后的北京城市仍是如此，并且第三产业已逐渐成为城市中心的主导产业，占据城市中的繁华地段。尽管自20世纪90年代以来，城市空间规模不断拓展，城市建成区范围远远突破主城范围，但以商业、商务办公等为主体的城市中心功能始终位于四环路包围的主城之内（图4-9）。也即是，在21世纪初的北京城市空间形态中，城市中心功能并没有因外围新区发展带来中心功能的疏解，相反，却在以旧城为主体的主城范围内不断增强，并且沿东西长安街、王府井大街、东单大街、西单大街、广安大道以及部分沿二环路地区形成了明显的中心功能用地的带状聚集区，在部分上述道路交汇处，还进一步形成了片状中心功能用地，这与句法分析所显示的高集成度区域相一致，城市空间的转变与开发利用很大程度上遵循了句法规则。但如此却导致城市核心区域高强度开发与高密度，旧城区域集聚与混合了多种功能，伴随着空间尺度的增大与功能的多样性，旧城空间三维向度演变的愈发复杂。同时，城市发展过程中由于空间格网的演进，许多主要街道的功能有所变化，一方面表现在空间集成核规模的扩展，集成核已具有向旧城外围环路拓展趋势；另一方面则体现在部分集成核街道功能的强化或弱化，譬如隆福寺大街在大尺度的城市肌理中已发现有衰退的倾向。随着更多环路与放射道路的修建，在句法地图上也有显示，部分城市环路已逐渐演变为具有高集成度与重要功能的城市轴线，城市相当一部分的中心功能也向环路地带分散。集成度沿着这些新的重要轴线分布，这些环形轴集聚了城市的主要功能，围绕着次一级的区域，一定程度上打破了最初由希列尔所描述的“变形车轮”的形状。在城市中的许多新建区域，虽然包含了行政、商业、教育、娱乐等诸多职能，但它们并不整合，难以产生局部运动经济，发展的结果相悖于规划者的初衷。整体上考察城市空间土地利用模式，可以发现土地价值的分布与集成度的分布模式高度相关，北京商业基准地价示意图即显示地价最高的地段位于长安街、西单、王府井等城市集成核范围，且由中心逐次向外递减。句法理论指出，城市格网形态通过对运动的决定作用而影响整个城市的运行，而人流、车流与城市用地性质、建筑密度等紧密相关，因而城市可以看作形态结构作用下的“运动经济体”，土地利用与空间结构的关系可以此解释。

图 4-9 2003 年北京城市土地使用现状图

需要提及的是，北京旧城的发展，其尺度、密度以及与周围区域的关系已使其演变为“城中城”（city within a city）；旧城空间的其他特征也证实空间结构对旧城的巨大影响。譬如，零售商业活动在很大程度上依赖于空间中集成度值域的分布，因而如果传统结构得以保护，那么传统的重要空间仍可维持其经济活力；反之，若空间结构遭受破坏，则此空间将会丧失其经济上的重要性，进而丧失其活力与生存能力。关于北京的研究，如果可以得到更多的精确的土地利用资料和相关的社会经济数据，将可以更进一步证实空间结构与功能模式的互动关系，从而可支持探求旧城生长中如何整合空间条件实现最优空间功能，最有效且有益的利用空间。

4.2.5 小结

本章研究尝试从城市空间与功能模式角度探讨北京的演变，空间分析揭示北京城市的生长遵循了一定的规则，这反映在其空间格网的形态中，可通过句法的分析显现。北京演进的句法分析表明，旧城一直维持着其作为城市“焦点”（focal point）的重要性，旧城空间格网是整个城市集成核的重要组成，其主要轴线的集成性在演变过程中进一步得以强化，同时随着旧城周围环路的建设，部分环路已逐渐演变成为城市空间中的重要轴线。正如许多学者在其他城市研究中指出的一样，北京城市的变化不单表现在空间几何形态形状的改变，也是城市中某一部分相比其他部分在空间中重要性的改变，城市集成核的形成依赖于渗透力、吸引力空间穿越与集聚的方式。句法测定同时还可对城市中心和城市整体空间的可理解性进行诊断。在北京城市发展中，随着旧城格网模式层次性的弱化，空间演变更具渗透性，对陌生人而言旧城较其过往空间更可理解一些，但整个城市空间形态却是日益复杂。城市空间模式很大程度上揭示了功能模式，与其他历史城市不同，北京旧城一直作为城市主要功能中心，也是“生活中心”，旧城这种空间模式即是北京旧城以居住和城市中心功能为主的社会经济运行模式的反映；随着城市发展，旧城外围部分环路演变为新的集成核轴线，逐渐承载城市重要的社会活动与功能，这些环路与旧城主轴线（或其延长线）交接区域具有较强的城市中心性。尽管北京的发展受政策与体制的影响很大，但空间演变过程中功能中心仍是与集成度分析所描述的“自然运动”高度相关，这种接近真实生活的空间模式对于城市当前的功能及运动的模式有特殊的启发性，它提供了一种从城市形态层面整合城市空间与功能的参考。研究验证了句法理论在北京城市中研究的适宜性，虽然其结果并未超出以往概念性认识的范围，但相对客观定量的分析却使我们对北京城市空间与功能模式演变的认识更为深刻和精确，更能透过纷呈的现象看到问题的本质。

研究也显示，尽管在城市有机发展过程中空间结构有着本质作用，它为城市机能诸如为作为经济可持续中心等的运行提供了必要基础，但城市现代化与城市化在城市中心与从属的局部结构之间创造了一种强大的联系，其中社会政策或意识形态可胜过空间力量而成为社会诸多功能发生的驱动力。目前的研究和已知的对以城市中心发展为主题而引发的各类探讨中，皆强调北京城市空间结构改善的必要性与可行性，其中可发展空间局部策略以支持整体结构网络的完善，参照 Jiang 与 Peponis（2005，2008）有关城市新建中心之中心性的案例研究，规划中心与自然生长中心都应遵循中心演变的逻辑与规律，毗邻中心结构 的格网应该尺度适宜，北京城市空间多中心结构的发展则可借鉴于此。

对北京城市空间可持续发展的关注，一个重要的方面是对旧城的保护。空间句法提供了一种新的视角与方法，它通过对空间组织规则与规律的探讨，使城市肌理的延续成为可能。现今旧城保护更强调一种动态保护，其目的是保护旧城在现代城市中作为历史、文化核心的物理特征，也保护使其成为生活、行为以及社会经济发生中心的空间特征。因而这种保护不仅关注个体建筑与空间，更关注空间各部分在整个城市系统间的相互关联，而这种关联（relationship）的本质，即“空间精神”（spatial spirit），是一种无形的力量，它调控着历史区域的组织与效用（Karimi，1998）。对于北京将来的发展，非常关键的一步是保护北京旧城独一无二的空间系统，或是说“空间精神”，是它建构了城市系统中各组成部分及功能的关联。历史所给予我们的教训之一是，在实施任何详细的保护计划之前，要注重维持空间过去与现在的基本协调，这样才能保持空间的生存发展能力，否则，将会丧失历史空间的逻辑，而新建的空间功能也难以得到正确的定位。

5

空间句法实验性案例研究之人文视角

5.1 聚落空间句法人文视角释义之重要切入点——公共空间

最早句法分析方法的应用源于 UCL 巴特雷特（Bartlett）建筑研究组织（由希列尔所领导）对城市外部空间的分析，此研究的初衷是希望解释城镇空间结构、人们空间行为与社会生活的相互关系。为了能够正确理解空间与人的关系，希列尔教授运用数理形式来获取空间某些关键特性，揭示出城镇与都市空间组织的一个基本特性：其现存结构之结合与分离的特性，并且城镇和都市空间组织对活动和使用模式的影响是有明确规律可循的。作为理解人居（城镇、村落及建筑）空间的社会逻辑语言（Hillier，1984，2001），空间句法对人居空间及其结构的描述与解释关联了社会行为模式（空间性）及空间的社会含义（公共性）。句法所关注的“空间”概念具有如下特征：首先，它是切实的城镇、村落与建筑等实体形态空间，是物质的空间；再而，句法着重于考察城镇、村落及建筑空间中所包容的人的使用界域与行为轨迹，此空间又是社会的与公共的（尤其对城镇、村落空间而言）。从这个视角来说，空间句法所主要关注的其实正是聚落（城镇、村落）的公共空间。

在聚落形态研究中，空间与社会是密切联系的，它们之间的相互关系是一种连续的双向互动过程，人们在创造和改变着空间环境的同时，自身在各方面也受到空间环境的影响,如行为方式、生活习惯等。其中聚落公共空间作为社会生活必须的“行为支持”（activity support），其形态已构成发展变化着的人类生存活动的空间背景（空间的意义也是在事件的发生中显现出来），它满足了人们日常生活和交往的需求，甚至更高一些观念上的需求，人们发生其间的共同在场及相互交往形成聚落中最为基本的社会生活模式与文化模式。在这种空间里“个人可以找到一个人在发展过程中与他人共有，并使自己得到最佳同一性感觉的结构化整体”（舒尔茨语）。作为社会生活载体的公共空间反映了聚落特有的生存形态，不同层面的生活在这里呈现，连其本身也成为聚落生活场景的标志。在这方面，城市中传统居住区公共空间与传统聚落的公共空间为我们提供了很好的范例，此类空间注重文脉和谐，直接而不自觉地将地域文化、价值观、梦想和情感转化为现实的环境形态，并且居民们的空间观、营造意识也充分反映在其中，故也成为本章所重点探讨与研究的对象。

5.2 聚落公共空间之句法人文视角的释义

空间句法研究得益于行为学、心理学等诸多理论的支撑，它对空间结构的描述关联了社会行为模式及空间的社会含义，这种描述的意义在于其契合我们所认识空间与社会关系（空间中的社会及社会中的空间）的方式。可以说句法是一种理解空间与社会的理论，此种理解通常与环境作为一个整体及其中人们行为聚集（这种集聚行为并不受限于路径方向或参观空间的次序）特性相关。这里，作为研究反映空间客体和人类直觉体验的空间构成的理论方法（Hillier，2003），空间句法所应用的方法是基于空间领域的可视性及可达性，也即结合了人们日常使用或体验空间的方式来表述空间。在人们的感知尺度里，句法描述的基点是连续的"自由或公共空间"（free or public space），即通过对聚落连续的"自由或公共空间"的提炼以及人们在空间中所调控或区分的边界、视域与运动方向等建立对空间结构的精确描述。这里的"自由或公共空间"是人们在其中可自由活动与交互的空间，人们基于对实际空间的体验感知而建立起社会交互模式。而边界、视域及运动方向分别对应的是句法的3种基本认知与表达空间的方式：凸多边形、视域及轴线。凸多边形意味着在空间中集聚的人们能够相互可视与感知从而互动，如此社会交往便已发生。基于"直接感知理论"的视域是最契合人们空间认知的空间描述方式，视域表示了人们在空间中视觉的移动的界域，视觉的移动方式决定了人们在空间中的移动行为，进而影响人们的社会交互方式；对于空间感知者而言视域是界定空间"公共"或"私密"的最好方式（Batty M，2006）。轴线是对人们体验空间的抽象表达，它表示人们在空间行进中可见多远、行多远以及感知多远，最终形成的空间轴线地图则是人们在空间系统中行为轨迹的反映。

空间集成度（整合度）已被证明与人们（观察者）共同在场（co-presence）及空间可达程度高度正相关（图 5-1），也就是说，聚落公共空间的集聚或离散程度影响着人们共同在场的感知水平及其中人们的相互交往。也正是这种共同在场与交往形成了最基本的社会生活模式与文化模式，而聚落公共空间则是社会生活必须的"行为支持"，它的建构可以说是空间与人通过社会生活等方式进行的"互构过程"。其实，通过研究空间结构形态对人们行为的影响，句法理论所提出的社会行为——"意念社区"（virtual community）概念（Hiller et al.，1996，1998）对此空间与社会关系即有着相当的概括。空间结构通过对运动模式的影响，产生了某些空间的人员集聚，即共同在场。这种人员的共同在场，构成了社区的原初要素；从心理学与行为学角度看，又是知晓他人的最基本的方式。这种共同在场和相互知晓的模式即是"意念社区"的首要组成部分。因此，通过空间设计对运动和其他有关的空间使用方式产生影响，继而产生自然的共同在场与人们交互的模式，如此而不同的社会生活模式与社会文化传输便发生于空间中，这就是意念社区。意念社区不是人的简单聚集，它有着一定的结构，即不同人，包括住户和陌生人、男士和女士、成人和小孩等，其共同在场的模式和使用空间的目的皆有差别。这些差别多反映出空间结构的潜在作用，事实上聚落公共空间本身即是多意义、多核心的，其本质也正在于不同的生命体验、不同的社会生活和不同的价值体系的交流沟通和它们的彼此共存、相互交融和相互补充。图 5-1 所揭示的即是句法空间集成度与城市空间人流分布集聚的关系，可以看出，两者是高度正向相关，集成度越高，人流分布越密集。而图 5-2 所示的是传统聚落公共空间系统的句法表示，色谱的分析显示了空间可视与可达程度的层次，其中红色（深色）广场区域最高，它是最能集聚人流的场所，拥有最多共同在场，因而产生最多社会交往，也是最能理解与体验聚落公共生活的视窗，黄色次之，而蓝色（浅色）则是最弱的。

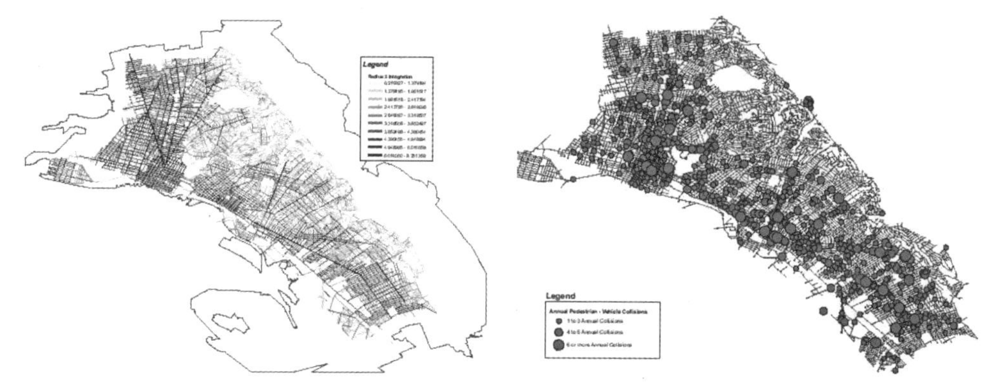

图 5-1　空间集成度与人流分布对应关系

注：颜色越深代表集成度与人流越高

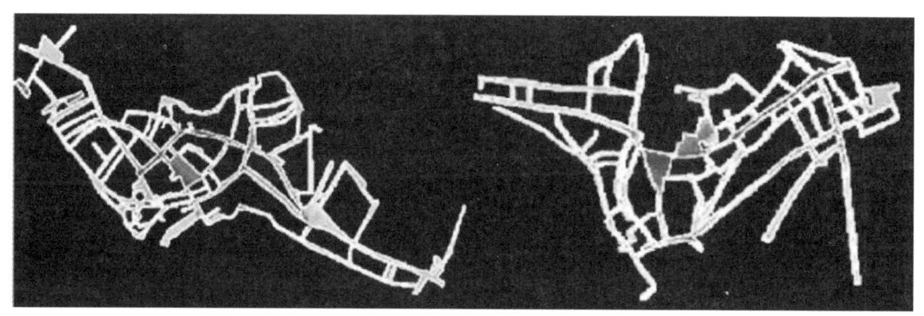

图 5-2　传统聚落公共空间的句法地图（见彩图 14）

注：红色集成度最高、黄色次之、蓝色最弱

5.3　城市聚落公共空间之句法人文视角研究

本节研究中所重点探讨的范例是北京传统居住区胡同空间，它的存在有着深远魅力，它既是作为地理空间，更是作为社会交往的聚落场所，具有深刻的社会文化、情感价值的意蕴，是北京悠久与丰富的历史文化浓缩与沉淀。本研究尝试通过对传统胡同空间形态的定量分析，探究其间内含的社会空间关系，以及发生于其中的人们共通的社会交往模式。研究拟通过句法对胡同空间的量化分析与研究，释义这些传统的街巷空间何以成为居民社会生活多样性的支持系统，何以成为人们乐意聚集的交往场所空间，以句法之人文视角探究城市公共空间的意义。

5.3.1 北京胡同空间之句法分析与释义

1. 数据与方法

胡同是北京历史文化与传统合院的重要载体，它构成了旧城市廓街坊的基本架构。北京最初的街道系统类似于网络（net-like）模式的布局，城内主干道因中轴线而呈南北走向，大部分胡同则为东西水平走向，联系着不同的住区院落。作为传统空间结构方式的物化表现内容，胡同在城市空间中作为流动与连接的通道构成实质的街巷网络体系，承载着其中市民频繁的交往与移动功能。对于其间居民而言，它不仅只是过往通道，更是公共的社会聚落场所，它支撑并强化着邻里相互的社会关系，将呈“碎片”状态的社会生活“印迹”通过某种关联连续起来，是一种片段的连续，城市的拼贴图景。本书尝试挖掘的是在邻里社会交往中这种独特的街道格局是否存在其特定潜在的规则，从而使其相比现代住区模式更为支持密切的居住邻里社会交往关系。

在胡同的句法分析中，数据选取 1982 年北京旧城 1 : 2500 地形图，当时的胡同系统相对现在保存的更完整，研究既涉及胡同区域与整个旧城空间网络的联系，也包含对某个胡同区域内部的空间分析（图 5-3、图 5-4）。根据人们体验与使用空间的方式

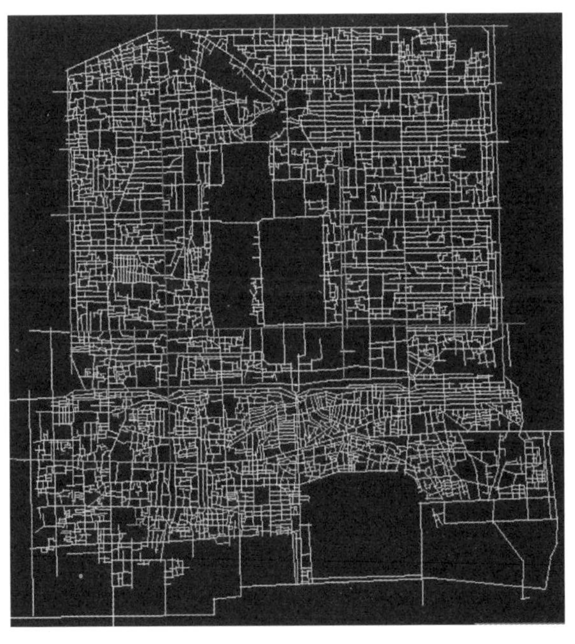

图 5-3 北京胡同系统空间句法分析（见彩图 15）

以及胡同街巷的线状分布情形，对胡同空间的表达选取了轴线，这里轴线具有视觉感知与运动状态的双重含义，句法轴线地图是胡同连续系统的离散计算模型，它概括了胡同空间系统的本质特征。空间结构的几何特征在句法地图上清晰展现，其中胡同空间网络格局明晰，肌理层次丰富，胡同区域与城市空间关系是整合的（其与城市道路交接街道表现出高集成度），胡同区域整体是一个开放系统，但其内部结构（句法地图上蓝色轴线区域，集成度较低，迷宫系统）对于陌生人而言却是复杂的。胡同区域中并不存在类似于西方广场的公共空间，中国社会传统的公共交往活动多发生于街道，事实上，此类空间本身即表现与反映了不同社会的文化与生活方式或社会组织所经历的变迁。

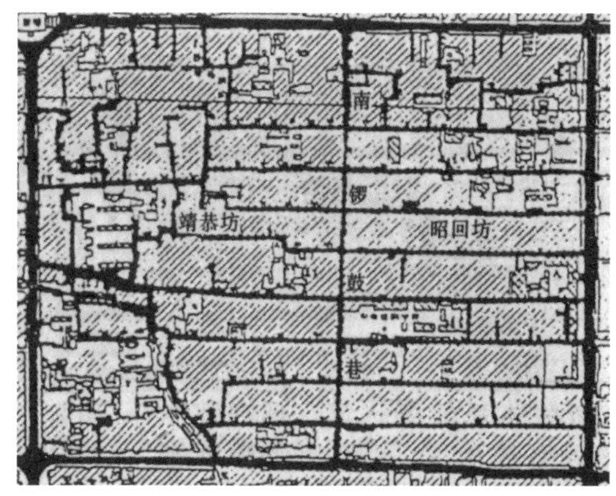

（a）局部胡同空间

（b）局部胡同空间句法分析

图 5-4 局部胡同空间及其句法分析（见彩图 16）

2. 胡同空间的句法释义

胡同区域街巷系统层次丰富，类似“鱼骨”式的构架，根据其不同的使用类型与“运动”模式并结合句法轴线集成度值域范围可划分为三级：第一级为主要道路，作为一个连续系统，它直接连接着城市道路，主要为机动车服务；第二级为地方性道路，深入居住区邻里核心，虽然也容许机动交通，但它更多的是联系主要道路与诸多小路（胡同），是一种过渡系统；最后一级为小巷胡同，是直接连接住区院落的通道。对于胡同区域中的居民而言，第二、三级街道所构成的街巷网络才是他们日常交往的主要场所与“延伸的生活区域”，也是我们研究所重点关注的区域，以下分别从不同角度考察其构成特征。

（1）文化维度。街道形态是城市社会文化的视觉表征，胡同空间中个体的行为活动按照阶层、种族以及性别等区分优先次序。一种活动发生与否依赖于文化规则，譬如，胡同文化中一些未成文的规范、习俗以及占主导的生活方式，也是这些约束定义了哪些行为活动是容许或适当的；而一种行为被接受与否也是依赖于文脉传统。

（2）物理维度。街道长度，那些长直的街道最终为许多小路所分割，最终形成的是连续的步行通道与适宜的街区尺度；入口分布模式，院落入口直接连接于胡同，胡同串联了各院落，各院落之间的联系是便捷的；边界的存在与否，胡同传统邻里间并未有清晰的界限，也就是说居民之间交往交流存在很大的随意性。

（3）形态维度。围合程度，胡同空间有着适度的围合，胡同外围城市空间街道脉络清晰，但胡同内部却是结构丰富的（迷宫式），一种庇护与领域意义的空间；街道网络特征，第一级主要道路联系胡同区域与整个城市，是街区外形轮廓，第二级道路则是具有渗透力的街道空间，将街区划分为邻里单元，最后一级的胡同即是内部通道；可达性，这些街巷都是可感知与可达的。整个街道网络系统使胡同区域很好的融入了整体城市空间，并在其内部创造了复杂丰富的空间层次。

（4）支持社会交往的潜在空间规则。空间形态布局很大程度上决定了人们之间是否彼此可视与可接近，也即共同在场和相互知晓的模式，正是这种共同在场促使了更进一步的社会交流与交往，而空间对人们行为模式的影响通常关联于人们对空间的认知与使用方式，也就是空间所调控和区分的边界、视域与运动方向（Nilufar, 1997）。胡同之句法地图上每一轴线皆是可达而可视的，此类轴线所表述的胡同空间具有如下特点:空间适应性，它可承载不同类型的社会活动，支持不同人群的社会交往;领域感，个体对于空间中的归属感以及对空间的主控性，即可通过公共空间的领域化来极力掌控与其他居民的交往；空间层次，空间的多重复合性，一种丰富空间结构的创造；中立性，在历史的演进中，空间是可容许改变与适应的。

胡同空间各层次街巷的渗透与融合（开放式空间）创造了空间的多样性，因而可承载多样性的生活，亦增加了交往行为产生的可能；而胡同复杂小尺度空间（迷宫式空间）的包容与主控性则为居民营造了很强的领域感与安全感；胡同空间网络很好的平衡了其对外的开放性与其内在的复杂与内隐性，也正是这种平衡造就了其极具魅力的公共交往空间——促使诸多社会交往的发生与集聚，同时亦为个体创造了其可以主控的空间。在胡同区域中线形的街巷连接着一个个院落，其空间距离是可达的，而其心理距离也是亲和的，许多看似理所应当、平常不过的行为实际正体现了潜意识指导下交往行为在胡同网络开放性的空间形态中的充分发挥。这种在经验主义指导下的居住区公共空间形态以其最大的适宜性包容着人们丰富多彩的生产与生活，其实，这也正体现了从行为学、环境学、心理学对居住区公共空间设计的种种人性关怀：丰富的空间层次、适宜的空间尺度和距离感、功能空间的弹性化以及人们感受住区强烈的安全感和归属感，这些都为居住者提供了良好的社会交往环境。

5.3.2 启示

本节研究从句法理论角度探讨了空间结构形态如何影响其间居民行为模式与社会交互模式，并借助于句法分析了北京胡同空间何以能很好支撑其间居民多样性的社会活动与交往。传统的胡同空间结构给予我们今天的居住区公共空间设计以很大启示，但现今传统区域的许多新居住区公共空间设计却与此相悖：新的、巨大的住宅群以及宽阔的街道，本应是连接功能的街道现在更多的表现为一种空间阻隔，这些宽阔街道打破了存在于传统居住区的空间结构平衡，与此相连的许多小街巷也逐渐被大量机动交通所占据，它们再也不是居民与邻里交往的“延伸的生活区域”，大尺度的街道空间将传统邻里划分为许多小碎片，而其间却缺乏步行道的联系；或是空间设计走向另一极端，居住区完全从城市肌理中孤立出来，很大程度上破坏了传统街道模式以及其间的联系，这些封闭住区简单开放的边界并非可以自动建立与城市的联系，所有这些都是对人们活动与社会交往的阻碍。居住区公共空间的创造应考虑空间结构的组织以促进支持社会交往以及不同居民阶层的联系，从而保证公共空间网络既服务于居民也为外来访问者所喜好。而这要求取得两者之间的平衡：适当迷宫系统的创造，这是传统胡同系统内部的一种空间结构，它创造了空间的丰富性，最优化了局部空间的控制力，并营造了居民的安全感与归属感，另一方面则应保证空间的开放性，以确保其不同的使用者以及活动的多样性。标识此两者空间融合的成功与否，最可靠的度量标准便是对其间人们活动模式的考察。

空间与社会关系研究是一个非常复杂的课题，现今还未有一种完整的技术方法可以从基本原理层面全面描述空间行为与社会交互模式，任何一种研究方法也只是使我们从某一特定视角或侧面来理解其部分。目前的句法分析方法主要关注于空间结构特征，而对胡同空间的人文社会维度的探讨也只是一个开端与尝试，相比西方城市，中国城市现象的句法解释需要后续基于更多领域的实证研究。

5.4 传统聚落公共空间之句法人文视角研究

传统聚落作为人类各种形式聚居地，是人们居住、生活、休息和进行各种社会活动的场所，本节研究侧重于传统“自下而上”自然演进式的聚落，如传统村落、乡镇等，它们是人类社会文化的一种空间状态和人文形态，可以说是人类原初、根本而广泛的生活方式的表现，作为人类社会生活普遍的环境模式，它们包括社会基本关系的多种要素而远远超越其地理意义。而作为聚落中最为充满活力的人性场所，聚落公共空间承载了人们日常社会活动与各类交往的需求，也正是这些社会活动与交往构成了聚落中基本的社会生活与文化模式，呈现出内敛、质朴而人性化的特征，是聚落生活形态的独特写照。

与全国诸多特定区域和文化背景下的传统聚落相类似，桂北传统聚落公共空间既具有普遍性，也因其特殊的自然与社会条件而具有独特性。作为桂北民族集体智慧的结晶，桂北传统聚落经历了复杂与漫长的演变过程，形成了独特而极具民族风情的地域文化与聚落景观，充分展示出高度融合自然的生活与生产方式。虽然学者们对桂北传统聚落的研究取得了一定成果（李长杰，1990；雷翔，2009），但对聚落公共空间的研究还相对较少，并且已有研究多关注公共空间的物质形态（郑景文，2005；吴斯真，郑志，2008；彭小溪，2014），研究视角较单一，多为对公共空间的定性描述，对其功能及社会性关注不足。本节尝试从空间句法之人文视角对桂北传统聚落公共空间进行分析，解释其构建机制与社会人文内涵，并结合社会调研与考察验证句法分析之结果，以期能对桂北传统聚落公共空间的保护与发展做出有益的探讨，并为现代城镇公共空间的设计与营造提供借鉴与参考。

5.4.1 传统聚落公共空间之句法分析与释义

1. 传统聚落公共空间类型

有关传统聚落公共空间一直是多学科关注的议题，而对其的定义也是多元的，譬如，社会学科侧重从社会交往与组织形态对其进行界定；规划学科则强调其领域或场所的观点。也由此可见，公共空间包含了多种不同的意义，但究其本质而言，公共空间是“一个对话性场所”（哈贝马斯语），应具有物质的“空间性”与社会的“公共性”两种属性。作为各类行为活动的承载体，对其进行研究，不仅关注其物质实体的空间——作为活动的场所，也应该关注其间发生的各类社会活动与交往。

桂北传统聚落中的各类公共空间多是居民自发参与而形成的社会交往场所，是居民生活空间的外延，承载着居民各类文化生活和精神需求。结合句法对空间的描述与表达方法，桂北传统聚落公共空间从空间形式上可分为 3 种（表 5-1）。顺应地形、幽深曲折的街巷空间作为典型的线性空间，可基于句法的轴线表达，除通行功能外，这

传统聚落公共空间类型及其空间句法的表达　　表 5-1

	空间类型	围合要素	承载内容	空间句法表达	备注
传统聚落公共空间形式	点：节点空间（街道空间转折处、溪流凉亭、桥亭、寨门等处）	民居、小型构筑物等	空间转换、休憩、娱乐、社会交往等	凸多边型	若节点空间为凹多边型时，可用视域表达
	线：线性空间（街道空间、河流沿线空间）	民居、河流等	交通、休憩、商业、娱乐、社会交往等	轴线	轴线交点可转换为节点空间
	面：广场空间（鼓楼或戏台及其前广场、宗祠及其前广场、堰塘空间等）	宗祠、鼓楼、戏台、堰塘等标志物	礼仪、庆典、宗族活动、休闲娱乐、社会交往等，养殖、调节小气候等	视域	视域是对空间精确的表达

类空间更承载着社会交往、生活休憩或商业娱乐等多重功能。传统聚落中各类节点空间丰富，有一定边界的围合，可基于句法的凸多边形或更精确的视域表达，这些节点功能多样。譬如，闲暇时光的聊天不经意便发生在街巷转折处；日常的劳作之余多停驻休息于凉亭或桥亭；闲时的赛芦笙等则多开展于风雨桥；寨门作为聚落边界内外的空间界定，也是居民迎宾送客的社交场所等。广场空间在桂北传统聚落中并不多见，且多是作为聚落中的核心空间，如宗祠及其前广场、鼓楼及其广场等，其面域较节点空间大，可基于句法的视域对其进行精确的空间表达，此空间通常也是举行聚落各类重大活动的场所。譬如，侗族村寨中，居民各类对歌、舞龙狮、跳舞等节庆活动多举行于鼓楼广场及其周边戏台等；聚落中的堰塘也是另一形式的面域公共空间，通常是居民养殖场所，也有调节聚落小气候的功能，文中暂不予探讨。

2. 传统聚落公共空间的句法分析

传统聚落公共空间多为线性空间，适合用轴线表达，而作为空间精确表达的视域则可直观反映出空间的诸多特征，故本节中选取了桂北两个传统聚落案例分别基于句法的轴线与视域方法对其公共空间进行研究。图 5-5 是桂北山地传统聚落（A），通过对其公共空间网络的提炼而生成句法轴线地图，轴线抽象表达了人们所体验的聚落公共空间，句法轴线地图则反映出人们在聚落公共空间中的行为轨迹与社会活动烙印。图 5-6 是平原上自由生长的传统聚落（B）的公共空间句法视域地图，清晰直观地呈现出公共空间的特征，诸如其边界、连接性、渗透性等。句法地图中（图 5-5、图 5-6）的色谱[1]分析则反映了空间可达与可视性程度的层级，其中红色（深色）区域的空间可达与可视性最高，意味着此处拥有最多人流的汇聚，不同类型的社会交往也在此频繁发生；黄色（深灰色）区域次之；蓝色（浅色）区域最弱。表 5-2 是传统聚落整合度、深度值及智能值等参量之汇总表述。深度值是空间句法定量分析中极为重要的概念，其含义是指到达目的地所历经的最少空间数目，两个相邻空间的深度值定义为 1，它是一个非尺度距离变量。深度值表达的是空间在拓扑意义上的可达性，即其在空间系统中的便捷程度；“深”存在于必须经过一些交织的空间以达到另一空间，“浅”即是空间之间连接更为便捷。智能值（图 5-7、图 5-8）是描述局部空间与整个系统相互关系的参数，即衡量从一个空间所看到的局部空间结构是否有助于建立起整个空间系统的图景，也即能否作为其看不到的整个空间结构的引导。智能意味着从局部空间感受整体空间，空间系统结构是清晰而易理解的，而非智能则很难有整体的概念，智能值的实质反映了观察者通过对局部范围内空间连通性的观察进而获取整体空间可达性（接近性）信息多少的程度。对图 5-5 与图 5-6 中聚落 A 和聚落 B 的分析，可发现聚落 A

[1] 色谱代表句法参量之整合度值域大小，其中红色（深色）意味值最大，黄色（深灰色）次之，绿色（灰色）再次之，而蓝色（浅色）最弱。整合度高度关联人流的空间集聚，体现了某一轴线（视域）相对其他轴线（视域）所具有的空间可达性（可视性）、集聚“运动流”的能力以及将中心功能渗透至整个拓扑空间的渗透能力差异。

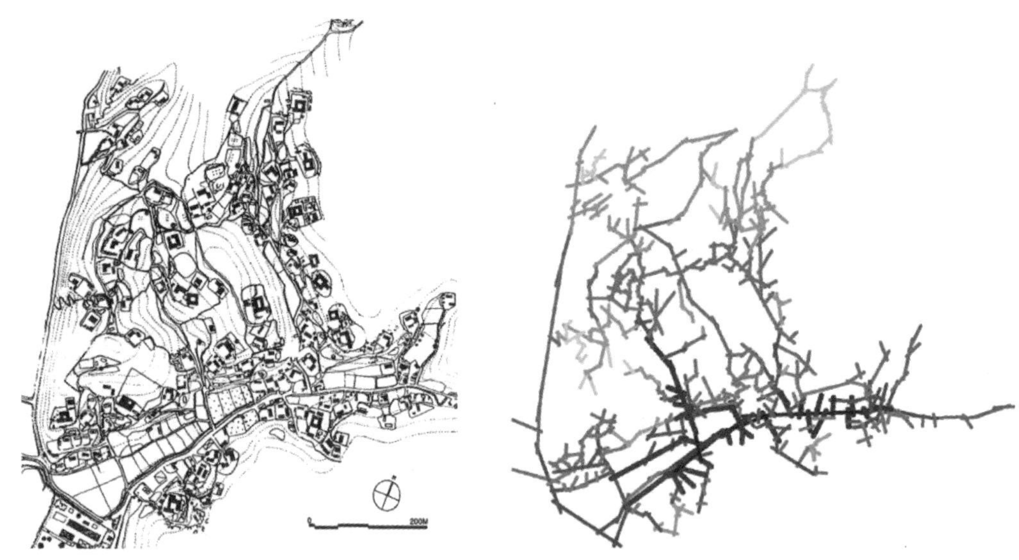

图 5-5　聚落 A 及其公共空间句法轴线的表达

注：深色区域为聚落中心，各轴线为聚落曲折有机街巷及节点系统的提炼

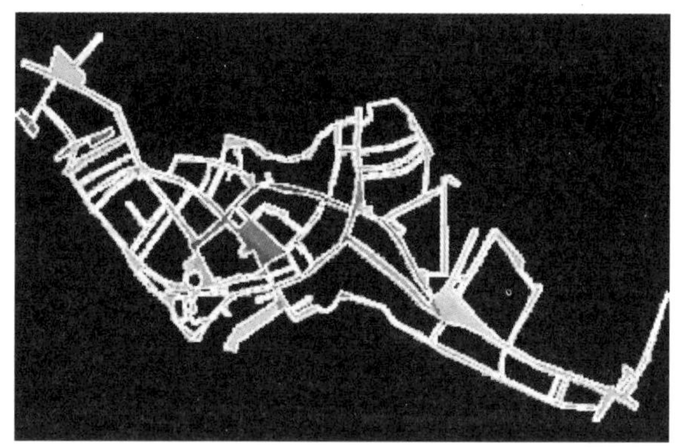

图 5-6　聚落 B 及其公共空间句法视域的表达（见彩图 17）

注：红色整合度最高、黄色次之、蓝色最弱，红色区域为其核心广场

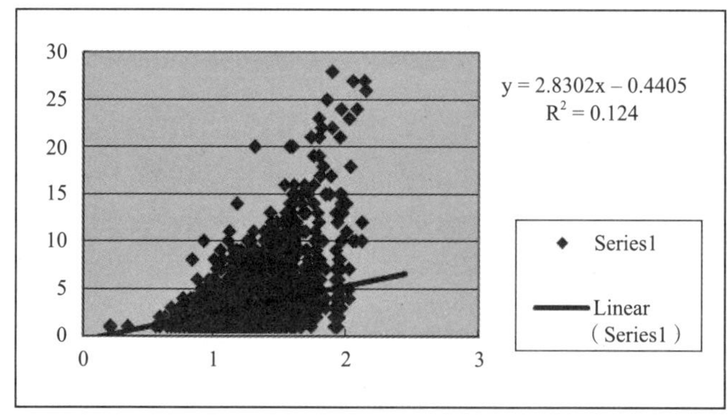

图 5-7　传统聚落 A 公共空间局部与整体关系（智能值：空间可理解性）的散点图（轴线）

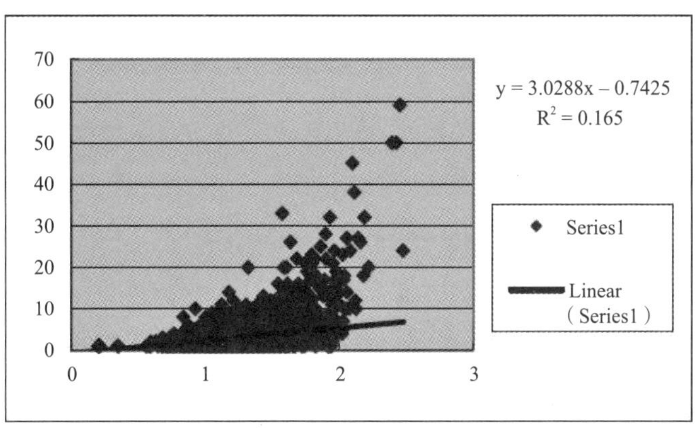

图 5-8 传统聚落 B 公共空间局部与整体关系（智能值：空间可理解性）的散点图（视域）

与聚落 B 平均的深度值都较高，这意味从聚落外围进入聚落中心需要历经多次空间的转换才可以到达；而聚落 A 与聚落 B 整体的智能值都不低，这意味着聚落看似无序迷宫式的空间系统事实上在空间认知上却是不难理解的，但聚落 B（0.165）较之聚落 A（0.124）的平均智能值要高，表示聚落 B 整体空间结构较聚落 A 更为清晰而易于认知与理解，聚落 A 空间系统对外来者而言相对稍显复杂而颇具“迷宫”的意味，这主要是因为聚落 A 地处山地，部分街巷并未连通所致。

桂北传统聚落公共空间系统层次丰富，形成了有机整合的网络结构，句法地图清晰地折射出聚落公共空间的层级，依据其不同“运动”模式及使用类型，参照句法空间整合度值域范围（表 5-2），结合聚落实地调研分析，大致可划定为三级：（1）第一层级公共空间是聚落中整合度最高的街巷、节点空间（红色或最深色区域）与最核心的广场（红色或最深色区域）等公共空间，此类公共空间在整个聚落公共空间网络系统中处于核心地位，是聚落中最为活跃的区域与开放的空间，承载着聚落中重要的社会交往活动或庆典仪式等重要事件，是聚落公共生活展示的窗口，也是最易于为外来者所进入与认知的空间，通常是聚落中的主要街巷及鼓楼或戏台广场等；（2）第二层级公共空间是连接主要公共空间与内隐性空间的过渡公共空间（深灰色或黄色、绿色区域），此类公共空间在聚落中设置最广泛，是公共网络体系中的主体部分，承载着聚落日常的社会交往与活动；（3）第三层级处于聚落公共空间网络系统中的最末一级（浅色或蓝色区域），通常为小巷道或易被忽略的转承节点空间，也可称之为内隐性公共空间，这类公共空间外来者不易发现，但却为居民所喜欢。对于聚落内部居民而言，他

传统聚落公共空间句法分析参量值 表 5-2

	平均整合度	核心整合度	第一层级整合度	第二层级整合度	第三层级整合度	平均深度值	平均智能值
轴线分析	0.631	1.432	1.258	0.860	0.471	9.60	0.124
视域分析	0.742	1.511	1.279	0.887	0.573	8.75	0.165

们日常不经意的许多社会交往却是发生在第二、三层级公共空间中，或者可以说这类空间是居民“延伸的生活场所”。

3. 传统聚落公共空间的物理维度

人们在公共空间中的基本行为是步行与逗留，而交谈、交流或其他社会交往活动皆基于此而发生，通常步行的行为发生在街巷等线性空间中，而逗留的行为则多发生在节点空间或广场空间中。

（1）点空间：街道空间交接转换处、溪流凉亭、桥亭、井亭、寨门、风雨桥等处。这类节点空间在聚落中分布较为随机，空间多为点状特征（风雨桥作为街道的延伸，其空间为线状结构），有一定边界，尺度并不大，其周围建筑具有丰富的立面形式或其本身构筑物即玲珑古朴，典型的如桂北侗族的风雨桥，其层叠的屋顶，极富美学意味。大部分节点空间中还有其他附属设施，如井亭（图 5-9）之中所备的泉井、瓢具、条凳等，为人们的停驻休憩或交谈创造了较好的条件。

图 5-9　节点空间——马腾井亭

（2）线空间：街道空间或河流沿线等空间。这类空间是传统聚落公共空间的主体，桂北聚落营建中往往是“先有房，后有路”，街巷依循建筑之间的空隙自然形成，蜿蜒而曲折，街巷宽度仅为 2 ~ 4m，民居建筑高度 2 ~ 4 层，围合出内向而封闭的空间尺度（图 5-10）。部分（第三层级）街巷空间还直接连接民居院落或宅前小平台入口，经由街巷的串联，各院落或平台之间的联系也是便捷的。 在桂北山地区域，常见的一类线型公共空间是敞廊，结合吊脚楼下近街道一侧设置的廊道，各廊道相互连接，即形成了可避风、挡雨、遮阳的敞廊。此类线型空间除其基本的交通功能外，还承载休闲、娱乐、商业等活动，许多不经意的社会交往与行为便发生在其中。

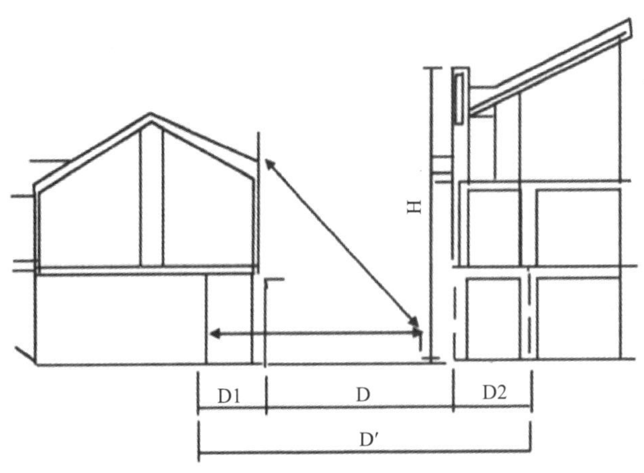

图 5-10　线性空间——街巷尺度

（3）面空间：典型的为广场空间，鼓楼或戏台及其前广场、宗祠及其前广场等。这类公共空间在聚落公共空间网络体系中数量虽并不多却往往处于主导地位，是聚落节庆、礼仪、娱乐、议事等重要活动的主要场所，空间边界也较为有序，周围的建筑或构筑物通常是聚落的标志物，具有特殊的意义。典型的如桂北传统侗族聚落中的鼓楼坪，在空间设置中，鼓楼通常对应于戏台（图 5-11），轴线对称，围合出一个较为规整的广场。鼓楼以其体量规模及所处核心位置而统帅聚落空间，广场空间边界较为规整，尺度相对其他公共空间而言也稍大，地面铺砌鹅卵石或青石，侗族吹芦笙、对歌、舞龙狮等娱乐庆典活动皆在此举行，这也被誉为聚落的“露天客厅”。

图 5-11　鼓楼（左）与戏台（右）

4. 传统聚落公共空间的形态维度

桂北传统聚落公共空间网络系统整体脉络清晰，各类节点空间、线性空间与广场空间有机连接，空间层次丰富。

（1）点空间：空间具有一定的围合性，如亭、廊桥等构筑物本身即有边界，街巷交汇所构成的节点空间也为其周围建筑所界定，具有一定的场所性。大部分节点空间与线性空间连接，空间可达（平均整合度 0.742）。基于句法地图分析可以发现，许多节点空间是位于聚落公共空间网络系统中的第二、三层级，可达性并不高（整合度 R_n 0.573），外来者并不易发现或是忽略，但对聚落居民而言，却是日常社会交往和活动易于发生的场所，有其空间领域属性，是庇护与归属意义的空间。对聚落居民的访谈证实了这些节点空间的独特魅力，居民闲暇时最为平常的闲谈与交流便发生在此节点空间中。譬如壮族聚落中的桥亭或井亭，居民平日便喜欢在此谈古论今、休息纳凉，或节日里在此唱歌共饮等，构成了民族特色浓厚的壮家生活场景。而这些桥亭或井亭位置与形式的设置也非常巧妙，或设在几家民宅的拐角处，或设在通往田间的小路旁，并不外显张扬，只有熟悉聚落的人们才可轻易找到。

（2）线空间：街巷空间由两侧建筑适度地界定与围合，第一层级街巷往往是聚落的主要交通与空间组织线路，具有较强的穿透性与方向感（整合度 R_n 1.432）；第二层级街巷连接了聚落内部各区域，具有一定的空间渗透力（整合度 R_n 0.860）；最后一层级的街巷直接联系了民居院落或宅前平台（整合度 R_n 0.471），整个聚落街巷公共空间系统可达（平均整合度 R_n 0.631）并可理解感知（平均智能值 I_n 0.124，图 5-7），内部结构丰富。对于外来者而言，一级街巷空间最易辨识与达到或穿越，是聚落中的外向型空间；而对于聚落居民而言，他们可以从容地凭借空间线索探寻出便捷的从聚落外至自家住宅的路径，只需经历一、两次空间的转换，而这些路径通常为二、三层级街巷系统，也由于街巷建筑立面与路径的相似性，二、三层级的街巷系统却并未为外来者所辨识，多少有些排斥或隔离的意味。从此意义上来说，第一层级的街巷空间可称之为开放与包容意义的空间，第二、三层级的街巷空间可称之为庇护与领域意义的空间。在实际的聚落调研中也发现，外来者们最易找到的即是聚落中整合度最高的主街巷，而通常这条主街也是聚落对外联系的交通要道或是其延续，尽管外来者普遍认同聚落街巷的幽远深邃之美，但他们若以聚落主街或中心定位却很少在聚落中迷失，这其实也说明了在聚落看似无序迷宫式的街巷系统中所蕴含的有机性、可识别与可理解性。相对主要街巷，聚落居民日常出行耕种或办事更喜欢选择于他们而言的捷径街巷，自山间田野至自家厅堂，他们更倾向于以自己的路线来组织这层层递进的空间序列。

（3）面空间：句法视域地图（图 5-6）显示出聚落广场空间的分布及其与周围街巷、节点空间的连接关系，其中聚落最主要的中心广场位于公共空间网络的第一层级，处于句法拓扑结构的核心区域（深色或红色区域），空间整合度高（R_n 1.511），即空间可达性与可视性高，也意味着其空间的高主导性与强渗透性。句法视域地图清晰表述出广场周围聚落标志性建筑物或构筑物的围合边界，广场空间相对封闭而紧凑，其内部空间也存在句法参量值域色差的变化，由鼓楼向戏台的空间转换过程，也是句法值域逐渐由高（深红色，整合度 R_n 1.624）向次高（黄红色，整合度 R_n 1.431）过渡的过程，以句法视角解释，这种空间关系更强化凸显出鼓楼在聚落空间中的主控地位。整体广场空间具有明晰的可读性（图 5-8），这是外来者最易到达与定位认知的聚落公共空间，在聚落公共空间系统中最具掌控性，是主导与秩序意义的空间，从街巷轴线空间转折过渡至广场空间，其空间感受与视觉冲击是强烈的。对于聚落的实地考察也印证了这类广场空间作为聚落“露天客厅”的核心地位，此处是聚落中人群聚集最多的区域，是当地居民最认同、尊崇或引以为傲的聚落场所之一。聚落中规模较大的集会或娱乐活动皆在此举行，譬如，聚落议事、制定制度等政治性事件便发生于鼓楼；而侗族大歌、舞龙狮和吹奏芦笙等庆典性活动则在鼓楼广场区域举行；居民小群体平日里的闲聊、打牌、下棋、凑乐等社交娱乐也多集聚在鼓楼；每逢有客自远方来，鼓楼便成为聚落招待客人的重要场所。相比于鼓楼这具有政治色彩、统领作用和休息社交性质的场所，戏台则是公众娱乐的场所，是过年节庆等重要时刻举行唱戏、歌舞、聚落之间的“月也”[1] 等各种集体性大型活动的空间。每每节日里鼓楼、戏台与其前广场往往热闹非凡，当地居民与外来游客聚集一起，在这里举行各种丰富的节庆活动表演。无形中，鼓楼及其广场区域已经成为聚落对外展示的窗口。

5. 公共空间的文化维度

作为承载各种社会活动的场所，公共空间可作为聚落社会的视觉表征，反映出聚落社会的文化与生活方式或社会组织模式。无论是句法的轴线分析或是视域分析，皆显示出桂北传统聚落具有明晰的核心公共空间（广场空间），而街巷等公共空间系统却呈现出有机的形态（图 5-5、图 5-6），这也说明桂北传统聚落空间的形成整合了向心组织与自然生成两种机制。

以句法整合度值域分布而言，桂北传统聚落的公共空间呈现出清晰的层次性，高可达可视开敞性空间（红色、黄色区域）与低可达可视内向性空间（绿色、蓝色区域）相互衔接融合，建构出微妙变化的聚落公共空间网络系统。其中，开敞外向型公共空间通常是聚落最初而较多与外界建立联系的区域；对应地，在此公共空间系统中还存在着“隐匿的界限与尺度”，譬如，街巷空间幽深曲折，并不似现代居住小区（图 5-12、图 5-13）存在穿越聚落的长直轴线，更多的是不经意的二、三级街巷及节点空间的设置，这也意味着聚落整体公共空间并未有明晰的渗透性，无形中阻止了外来者直接穿越聚落内部的可能，而对于聚落居民而言，在看似迷宫的空间系统中，只需经由一、两次

[1] 月也，意为集体游乡做客，是侗乡的一种社交习俗。侗族某一村寨的男女青年按约定到另一个侗寨做客，期间要举行赛芦笙、对歌等活动。“月也”流行于侗族地区的从江、榕江、三江、龙胜、通道，尤以黎平县南部和从江县北部地区的侗族村寨更盛行，也最为隆重。2011 年 5 月 23 日，“月也”经国务院批准列入第三批国家级非物质文化遗产名录。

的空间（拓扑）转换，即可从聚落外部进入聚落中心区域，如此的设置可解释为聚落自我防御与庇护的一种空间表达。如果说第一层级公共空间是聚落的开敞与包容性空间，是聚落外来者易于集聚以及聚落公共事务开展的场所，那么第二、三层级公共空间所营造的微小的、近人尺度的空间，却使生活其间的居民更易获得定位与个性需求的满足，是他们能掌控的空间，一种“控制交往、有所选择以及达到预期目的的交往的能力”（扬·盖尔，2002）的空间。聚落公共空间由一级至二、三层级的转换，也是空间渐次由开敞转变为内隐的过程，空间领域属性逐渐加强，对于聚落居民而言，空间也越具安全感、归属感与家园感。

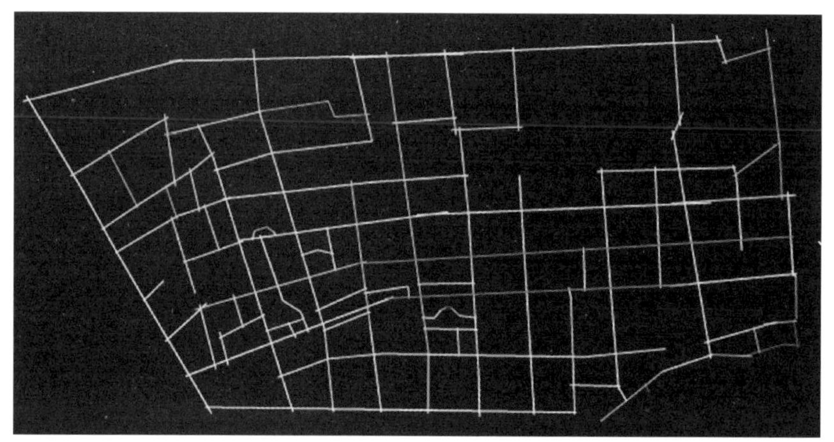

图 5-12　现代居住小区公共空间句法的分析（见彩图 18）

注：红色整合度最高、黄色次之、蓝色最弱

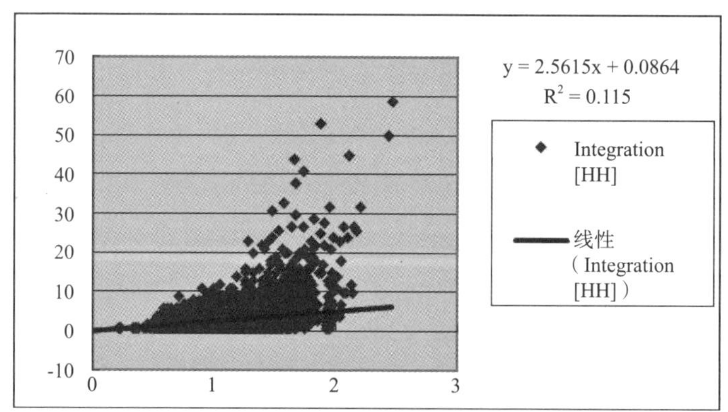

图 5-13　现代居住小区公共空间局部与整体关系（智能值：空间可理解性）的散点图

传统聚落公共空间构建存在其既定的规则与秩序，若说不同空间层级的交融与渐次转换体现的是其规则，那么秩序则通过核心公共空间的组织而建立。句法分析地图清晰地显示出公共空间组织的核心（图中红色或深色区域），此处通常是聚落标志性建筑物或构筑物及其广场空间之所在，常布设为宗祠广场、鼓楼广场等，该空间具有系统中最高的整合度，最易集聚与汇合人流，这也意味着其在系统中所具有的强渗透性与掌控性，极易从其他节点或街巷空间转承至该处，结合其他节点与街巷空间共同构建出聚落公共空间秩序的控制网络，并使其有统一的向心性与整体感。此公共空间不仅具有形态上的主导与控制性，更是聚落精神的核心所在，聚落中重大的集会、庆典、仪式、议事等活动通常在此空间中举行。无形中，此空间便也成为居民信仰的核心，是居民社会心理归属意义上的中心——它具有某种权力特征与秩序观念的“公共领域”性质，是居民在心理上建立秩序的终点（王静文，2010）。典型的如侗族聚落中的鼓楼及其前广场，类似于汉族传统聚落中的宗祠，它不仅是族内聚集制定与执行族规、商议事务的空间，也是居民进行庆典娱乐以及各类礼仪社交活动的场所。鼓楼不仅以其显现的形制和规模（侗族鼓楼被视为聚落的象征，聚落内其他民居或公建必须恪守建筑高度不得高于鼓楼的规定）成为聚落的标志与文化符号，也因其在聚落公共空间网络体系的空间主导位置（句法整合度最高）而传递出其所具有的“权力”以及精神归属。聚落宗族信仰之中心与世俗文化之中心在此叠合，鼓楼广场也故此而成为侗族聚落中最具“场所精神”之空间。

桂北传统聚落公共空间的句法地图建构出明朗的聚落日常社会活动路线与行为轨迹，呈现出明晰的层次界域性、自我防御性与向心性秩序感，也正是这些社会空间组织的特征属性，隐射出聚落公共空间中蕴藏积淀的深层次的社会文化性及其所构建的聚落社会（权力）系统、规范、秩序与领域的性质。

5.4.2 启示

以哈贝马斯的“公共领域”概念界定，公共空间本质是一个对话性的共享的场所，各类社会活动与各类交往在其中发生并形成“公共生活”。桂北传统聚落公共空间主要表现为街巷、节点及广场等空间，以一种有机却又宽松的形式存在着，承载着聚落的传统文化与精神归属，其整体构架是作为聚落社会生活“场所”理念的反映。文中句法所提炼出的桂北传统聚落公共空间具有多重特征，也隐含了聚落潜在的社会交往规则：①空间层级与多样性。传统聚落中各层级街巷、节点及广场等公共空间衔接交互，界定出不同的空间界域，或是开敞包容的外向空间，或是归属庇护的领域空间，也正是这种丰富层级性的空间营造使其可以承载多样性的社会生活与精神需求，亦增加了不同交往行为发生的可能，或认可式交往，或相识式交往，亦或互助式交往等，皆可对应于不同层级的公共空间而发生。②空间适应与平衡性。在传统聚落公共空间的构建中各类整合与离散空间有机渗透融合，很好的平衡了公共空间网络隐含的内敛复杂性与对外的包容开放性——外来者易于认知而居民易于认同的空间，也因此成就了极富魅力的聚落公共空间，促使并适应不同类型社会交往的集聚与发生。③空间领域与防御性。传统聚落公共空间句法地图呈现出有机形态，并不具有明晰的渗透性，这是归属、防御空间的营造，而公共空间系统中大量细微的、近人尺度的空间则给予居民强烈的庇护与安全感，这是居民个体可以主控的领域性空间，即聚落居民可选择及掌控与其他人的社会交往，聚落邻里归属与认同感也因此而产生。④空间向心秩序性。传统聚落核心广场及其周围标志性建筑物作为聚落公共空间结构的导控，起到集体核心的作用并统一聚落公共空间秩序的控制网络，使其极具向心性与凝聚力，也最终成为居民的心理情结与归属，如此建构的聚落公共空间是极具亲和凝聚力与场所归属感的。

本节结合空间句法从物理维度、形态维度及文化维度等对桂北传统聚落公共空间建构机制的分析还只是初步的，但却可以发现，句法为传统聚落公共空间的研究提供了一个新的视角与切入点，句法所提炼的公共空间地图是对人们在聚落公共空间中行为轨迹与社会活动烙印的抽象，透析出从一般空间平面图上不能直接观察到的种种属性与特征。也正是这些特征属性解释了传统聚落公共空间的构建原理及其深层次的社会文化性，对聚落实地的社会调研与考证则印证句法分析之结果。本节研究对于如何在现代城镇化语境下保护、传承与发展传统聚落，以及如何对城镇公共空间进行设计与营造，将具有一定的借鉴与参考意义。

5.5 传统聚落空间形态特征之句法人文视角解释

本节尝试以句法视野（融合文化人类学理论）解读传统聚落环境，侧重于对其空间形态的分析，以探讨其隐含的文化与社会本性，从另一角度探源与诠释传统聚落的规划思想，并尝试揭示此类聚落的人文内涵及其发展的适应性。

5.5.1 传统聚落空间形态之人文性与空间句法

作为实体形态留存的传统聚落环境总是以它外显的物化形式向人们揭示其内隐的文化内涵，例如其空间形态即是组织聚落社会经济生活的重要载体，聚落空间形态的特征及其演化受社会经济等深层结构的影响，并作用于聚落社会经济环境，空间与社会人文在历史的复杂适应性过程中呈现出密切的协同互动关系。本研究中聚落的概念，重点强调其空间布局的结构关系，而空间关系反映出一定的社会组织结构和文化内涵，根据不同类型、不同时代聚落内部各建筑之间的布局及其群体组织的关系等，可以探讨各类聚落形态性质及由此所反映的社会组织结构、政治制度和传统文化的传承与演变。

如前文所述，空间句法是理解人居（聚落）空间的社会逻辑语言，旨在探寻人居空间结构及其与人类社会之间的内在联系，其方法上的独到之处在于从空间关系出发对空间结构进行精确描述。句法理论最初的建立源于现实物质空间，句法理论中的聚落（包括其间建筑）不仅包括物体，更包括由实体所围合的空间，正是空间产生了聚落功能及其社会意义的关系，空间被认为是聚落物质形式和人的社会活动之间的媒介。这是因为聚落物质形式和聚落空间构成了图—底关系，聚落空间可以近似代表其形式；

而人们的活动皆是在空间中进行的，聚落物质形式通过空间限定了人的活动，同时人们也可以根据自己的需求改变物质形式从而致使空间的变化。聚落正是通过空间的组合结构以及秩序来认识社会的，这里空间与社会是一种依存、辩证而交互的关系，人们在塑造空间的同时也被空间塑造着。也就是说，聚落通过空间构形来传递文化和社会本性，而空间不仅为人们的社会活动提供了可能实现的物质基础，并且为社会文化关系的创造提供了前提条件。

5.5.2 传统聚落空间形态之句法图解与人文透析

传统村落的发展往往是一个自发的过程，它的形成通常没有非常明确和先验的目标。芦原义信在《街道的美学》中提到，建立城市空间秩序有两种方式：一种是从边界向内建立向心秩序的城市；另外一种是没有意识到边界而向外离心地不规则扩展的城市。而第二种类型可将其引入对传统村落空间组织建立的描述，在传统村落形成的因素中，自然生长起着决定的作用，它由内向外逐步发展而成。

本节在前述桂北公共空间研究案例的基础上，再选取另一平原区域村落作为比较研究案例（图 5-14、图 5-15、表 5-3）。其中村落 a 是上文所述桂北依山就势自然发展起来的村落，村落 b 则是在区域平地上自由生长的村落，尽管村落因自然地理区域等元素的不同而使其具体空间格局有所不同，但以句法视角分析其整体空间形态却表现出拓扑意义上的同构：依凭空间轴线赋值不同所形成的不同色谱[1]层级可清楚区别出整个结合体的基础结构，整体空间结构中都存在一个结合核心[2]（分析图中深色轴线所构建的区域，结合核心也即意味着此处具有最强的空间渗透力和整合力，代表聚落句法意义上中心性最强区域）。聚落空间以此为基点，向外延伸展开生长，空间轴线网络上呈现出一种自组织式的分形，不同层级网络轴线有机结合，创造出微妙变化的整合（深颜色部分，其轴线集成度较高、深度值较低）与离散（浅色部分，其轴线集成度较低、深度值较高）区域，村落整体空间并不具有明晰的渗透性，其离散的区域，对外来人来说有些迷宫的意味，很大程度上阻止了外来人直接穿越村落内部。而其整合的区域从句法视角而言相互之间有着很好的联系，并且该区域也是外来人最容易认知与到达的，村落空间网络很好的平衡了其空间的开放性与其内在的复杂性与内隐性。结合集成核心[3]与聚落建筑布置考察，此处是聚落事务、活动中心，村落 a 中布局的是戏台、鼓楼、展室，村落 b 布局的是寺庙、宗祠。作为集聚中心，这里是村民集合商议、庆典欢乐议事的场所，句法的集成核心同时也暗合了心理意义上的中心——它具有某种权力特征与秩序观念的“公共领域”性质。

[1] 色谱代表参量值域的大小，其中红色（深色）意味值最大，黄色次之，而蓝色（浅色）则最弱。

[2] 空间句法轴线内在的拓扑结构关系赋予每条轴线一系列参数值，包括深度、连接度、集成度、智能值等。与空间形态结合核心分析最为紧密的是集成度，它体现了某一轴线相对其他轴线所具有的空间可达性、集成“运动流”的能力以及将中心功能渗透至整个拓扑空间 的渗透能力的差异。

[3] 空间结合核心不同于几何中心，几何集中反映的是类似空间同心环的模式，它受空间结构模式的影响较小；而结合核心也即是集成度中心反映的是空间轴线的中心网络，它更多关联于人们的行为活动。

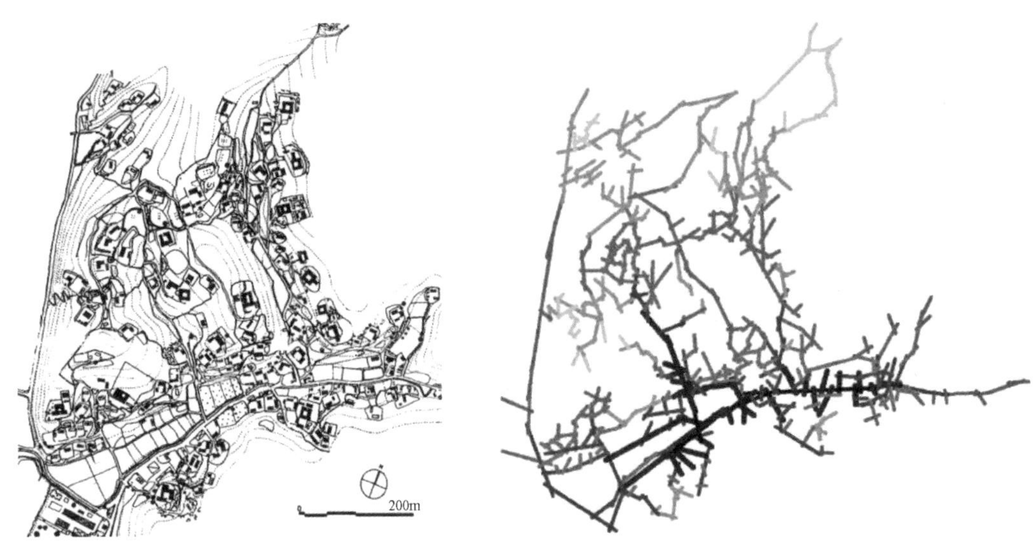

图 5-14　传统村落 a 及其句法图解

注：图中轴线颜色越深代表其集成度值越高

图 5-15　传统村落 b 及其句法图解

注：图中轴线颜色越深代表其集成度值越高

传统村落句法分析参量值　　表 5-3

	轴线数目	整体集成度	平均连接值	平均深度值	局部集成度	智能值
村落 a	497	0.53	2.58	9.60	1.50	0.124
村落 b	292	0.79	2.73	9.10	1.65	0.176

村落空间形态的句法图式也透析出其空间的可理解性，村落 b 智能值（I_n 0.176）较村落 a（I_n 0.124）高，相对更易识别与通达，它们相似之处在于：整体结构所营造的微小的空间、近

人的尺度，易于满足生活在其中的村民的定向和个性要求，轴线式的线性空间在村落整体形态中更具有空间上的主导性与控制性，是它们界定了村民居住院落空间的领域属性。

可归纳出这类传统聚落普遍的人文特性。

（1）内聚性——无论聚落是何种空间几何形态，它们都存在一个句法意义上的结合核心（村落 a R_n 1.052，村落 b R_n 1.432）。此处在村落整体形态中更具空间上的主导性与控制性，成为村落社会人文意义（信仰、仪式）上的中心，是村民心理归属意义上的中心——在心理上建立秩序的终点，村落建筑多以此为中心展开布局，构建此核心的轴线延伸至各处，创造出整体变形格网式而具迷宫意味的街巷布局，形成内向收敛的空间秩序，对于村落建造者与使用者是有庇护领域意义的，聚落形态呈现出防卫、内聚的特征。

（2）有机性——传统村落以结合核心为中心展开，无论村落 a 还是村落 b 在平面形态上都形成一种由内向外自然生长的空间格局，整体空间形态呈现出不规则性、分形特征（自组织系统的一个重要特征即是空间形式的不规则性，但不规则性并不等同于“无序”或“紊乱”，句法中分形参量的计算 $H = -\sum P\log_2^P$），不同于秩序型的有着规则几何形状的都城（中国传统都城是基于“政令”的规划实现，通常都城这种规则几何形状的空间，是由相似部分按照相似关联组成的，人们能够轻易理解这种形式构成中的重复元素和重复关系，因为此类空间特征是一次性展示出来的，所以它能够被一次性理解与把握，很大程度上这类空间秩序是理性的），村落空间每个元素几乎都是不可单独辨别的，空间关系也是如此。城市规划学中称之为“自下而上”的布局方法，即主要按照“自然的力”或是“客观的力”的作用，遵循生物有机体的生长原则与规律，长年累积叠合而成。聚落自我发展演化总是以最适宜其功能、社会以及象征性特征表达的方式布局空间，同时空间结构的演变也以适应空间元素的形式进行，从而创造出更适宜与契合社会功能的空间结构，整体聚落维持着一种动态的自我平衡。

（3）自为性——聚落构建的自为：传统村落生长并非漫无章法的无序，村落传统的人文思想、日常行为规范和建设法则就是主导其发展的序参量[1]，所有村民都近乎下意识的依照这套法则自主建房，也就是说村落构建活动约定俗成，按照传统的模式和精神进行的。这样的营造实践活动是村民本身参与决策，聚落与生活、聚落与环境之间较长时间的逐步调适与磨合，是更多的自发式建设特征的表现。文化传达的自为：这是需提及与强调句法理论核心的一个概念，“组构”[2]（configuration），在传统村落及

[1] 自组织理论中的基本概念，序参量是指支配系统运动状态，反映系统有序程度变化的状态参量，是微观子系统或诸要素集体运动的产物，是其合作效应的表征与度量。同时，序参量又支配着子系统的行为，主宰着系统自组织的整体演化过程。

[2] 组构的概念：意为一组存在于事物间的关系，而其中所有事物又依赖于某种整体的结构。希列尔（1996，2008）曾给出一个正式而尽量简单的定义，对于两个空间，如果我们把空间关系定义为它们之间任何形式的连接，比如相邻或互通，那么根据这两个空间中任意一个或者两者连接到至少其他第三个空间的方式，它们之间的上述关系就会发生变化，组构就存在于其中。

民居的空间布局和形式方面，组构（或不可言表的想法）所发挥的作用类似于语言中的语法，即它们暗示和操纵着表面的元素，这些表面元素在语言中可以是一个词或是一组词，在村落中即是建筑的元素和几何的对位关系，村落的建造行为通过空间与形式的模式再现了文化。也就是说，传统村落提供组构来传递文化和社会本性，是通过无意识的方式来完成的，这是村落文化的自为，是对文化的空间和实体形态的复制；

（4）隐喻性——“空间是公共生活形式的基础，空间是权力行使的基础”[1]（Yoon Kyung Choi，2001），村落的空间布局是服务于社会关系的组织和活动安排的，故而村落的营造往往强调某种精神的体现与情感的表达，但由于其文化的自为性，这种体现与表达却并非是完全显现的，如村落中的寺庙或宗祠，不仅可以通过可见的模式包括其建筑形制与规模，更可以通过不可见的模式比如空间的位置来传达其所具有的“权力”以及文化归属感。但整体的村落布局却呈现出一种宽松的性格：其整合与离散空间的有机结合，空间的组织讲究秩序而又不拘一格等等，所有这些又是村落作为生活场所理念的体现。村落文化意蕴即是通过环境布局与组织隐喻性地体现。不同于平常地图上所直接观察到的特征或现象，句法地图对聚落空间形态的解释深入而独到，反映出其内含和本质的种种特征与属性，如村落中心寺庙或宗祠处在句法地图上表现为高集成度轴线所架构的整合核心，其空间上的强渗透与掌控性也通过句法地图清晰的折射出来，空间层次性的交织融合，空间构成图式的内聚性、防御性、有机性等都在句法层面呈现，句法将空间符号化表达，这种方式以一种自然认知的方式隐喻地提炼与传递了传统村落空间要素及其间关联和意蕴的文化信息。

5.5.3 小结

传统聚落作为一个完整意义的居住形态，表达了人与周围环境之间所建立起来的有意义的关系，这种有意义的关系源于人们通过居住、生活、交往等确立自身的存在体验。句法对聚落的解析着眼于村民对空间环境的感知以及他们之间发生在空间中的各类社会关系，可归总的是：聚落的生长是有机的，其整体架构是作为生活“场所”理念的折射，核心公共空间被作为聚落结构的脊梁，起到集体中心的作用，不同层级轴线所划分的单元范围营造的却是空间领域感，整体村落的建造是全体村民们自为的行为，也就是说村民们的全体参与决定了聚落的建设符合大多数人的利益，这种“自下而上”的建造方式很大程度上保证了聚落的稳定性与适应性，是“人本思想”最为明晰的体现。传统聚落规划的诸多观念和思想虽多无正规史籍记载，但其基本理念却长期沿用，约定俗成，对于现今理性的城市规划思想，传统聚落的建造理念也许可以给予我们诸多启示。

（1）宏观层面。①城市生长的有机性，强调对城市演进过程中内部驱动力的认识

---

[1] Space is fundamental in any form of communal life, space is fundamental in any exercise of power.

以及强调城市与自然、社会环境的适应性；②规划的人本思想体现及其公众参与，城市生活的便捷性、安全性、舒适性和聚居环境的亲切性、宜人性、认知性、心理归属性等都是对人本思想的体现，而其实现又离不开广大公众的参与；③规划导向的转变，合理的规划导向源于对城市空间及其蕴含人文内涵的深刻体会和了解，规划需要从过往以“理性”为导向转向以“有机”为导向，也需要从以“抽象的规划原则应用”为导向转向以“传统人文的挖掘和强化”为导向。

（2）中微观层面。①强调城市公共空间：在公共空间里“个人可以找到一个人在发展过程中与他人共有，并使自己得到最佳同一性感觉的结构化整体”（舒尔茨）。公共空间应该是共享而充满活力的人性场所，其中人们可作为参与者面对面地交谈并形成“公共生活”；②强调社区生活：传统聚落以尺度、线形设计集中了人、事于街巷和院落中，促进了社会邻里交往的发生，形成开放而内敛的生活。现今社区的营建也应将丰富的城市生活有机地组织在一起，使它们彼此促进。③环境设计观念的扩展：a. 设计的价值取向。强调以人为本，强调环境设计中的人文价值取向的确定；b. 设计依据。通过对建成环境人文向度的研究，为环境设计提供设计的依据；c. 设计方法的扩展。通过设计创建亲切、具有归属感的空间环境，并进行建成环境人文向度的研究，更深入的融入传统聚落的规划理念。

6

结　语

聚落形态的研究一直是城乡规划和城市地理学广泛关注的议题。城市聚落形态是城市建设和规划的重要依据，城市规划者的城市形态理念直接决定了城市规划的效果，以致影响城市的总体布局、城市发展的综合效果、交通组织和城镇群的合理分布，甚至关系到城市生产、生活质量、城市改造、城市合理发展方向等一系列重大问题。在我国快速发展的当前，对城市形态进行较为深入而综合的研究，无疑具有重大的意义。传统聚落因其丰厚的文化内涵以及所表现出来的地区性和民族文化特征，而成为建筑规划界普遍关注的焦点问题之一，传统聚落形态作为聚落的重要组成部分，以其丰富而生动的信息包容，成为寻找历史痕迹、挖掘传统文化、探究民族内涵等方面极佳的研究平台，对其研究具有重要价值和深远意义。

6.1　空间句法在聚落研究中的优势与创新

本书基于国内外相关研究，引入空间句法这一聚落形态研究的新理论方法分别从聚落结构视角、功能视角、人文视角对聚落形态进行系统、深入而细致的解释与剖析。研究中，不仅只重视聚落作为传统与历史的一面，同时也关注其在现今发展的适宜性，不仅研究聚落内部的空间结构，更从整体系统的功能、人文角度对聚落展开分析与探讨。尽管句法理论对我国聚落形态的研究处于起步阶段，尤其有关其功能与人文维度的探讨尚属开端与尝试，但其结果却是鼓励人心的。结论显示空间句法在我国聚落形态研究中的实验性应用可揭示聚落发展演变的规律，明确聚落空间分布和形态变迁的各类影响与制约因素，挖掘聚落形态所蕴藏的社会文化内涵。空间句法提供了一种精确的空间语言来定量描述聚落结构模式，通过它人们可以深刻理解聚落和建筑运动背后的规律与控制性因素，从而挖掘聚落空间各维度的潜在本质，以及为正确导向聚落空间的发展予以理性依据。并且空间句法相比传统聚落形态分析方法还有其突出而不可比拟的优越性：客观、科学及其可量化的操作。

6.2 空间句法在聚落研究中存在的不足

任何一种理论都不可能是完美的，都会存在一定的瑕疵和疏漏，空间句法理论也不例外。空间句法的主要研究对象是复杂庞大的城市聚落或风貌各异的乡村聚落空间系统，影响因素繁多，认识、挖掘和研究城市或乡村聚落空间系统的规律本身就是一件极其困难和极富挑战的工作。我们应该理性、客观地看待空间句法研究与应用中的问题与不足。

6.2.1 空间模型构建的不精确性

空间句法分析的基础空间模型构建中，轴线的提取是一个非计算机化的过程，对于像城市这样规模较大的空间系统来说，绘制工作较为繁杂且带有绘制者的主观意识。目前，虽然有很多相关的辅助软件，如常用的 Depthmap、Axman、Axwomen 等，但这些软件只能计算相关变量和进行图示化展示，分析轴线仍需要根据现状地形图和实地探察的结果利用 CAD 进行人工绘制（本书句法分析基于软件 UCL-Depthmap 完成）。空间句法对分析图纸的标准是要“最长且最少的轴线”和“最大且最少的凸空间”。尽管空间句法的相关理论对如何进行空间划分以达到上述要求作了相关说明与规定，但由于没有统一的标准，轴线的提取与绘制仍是个体主观认知和干预的过程。导致的结果是同一个空间系统的模型构建图因人而异，在一定程度上降低了句法分析的科学性和精确性，会对最终的聚落空间形态的分析产生一定影响。

6.2.2 对特殊空间形态因子考虑的缺失

依据空间句法理论，空间结构形态在很大程度上决定了人类的空间认知，而空间认知又决定了人类的空间行为。因此，空间结构形态与空间行为关系密切。但一个不可否认的事实是，在目前的城市或乡村聚落中，多少存在着某些别具意义的空间。这类空间在长期的发展演变中，已对人类产生了一些特别的吸引力，而人们在这些空间的影响下，某些潜意识的行为活动或已形成，而这些行为活动或在句法分析中并不能完全体现与解释。同样，空间句法对影响城市或乡村聚落空间形态的其他非物质因素的考虑也不甚全面，它过多的关注空间的拓扑结构与人的空间行为的关系，而忽视了对人文习俗、风水观念等非物质因子的考虑。因此，对聚落空间形态的句法分析往往还需结合形态学、社会学、历史学、建筑人类学、文化生态学等多元理论与方法一同进行，才能得出对聚落空间形态明晰而全面的阐释。

还需要指出的是，空间句法作为一种理论方法，其本身是建立在实证研究基础上的，现有的大量成功案例多是在西方城市得以验证，相比西方城市，我国聚落呈现出更为复杂的特性，因而有关我国聚落现象的句法解释需要后续基于更多领域的实证研究。

主要参考文献

[1] （英）B·希列尔．空间句法：城市新见 [J]. 赵冰，译．新建筑，1985，1.

[2] （英）B·希列尔．空间是机器——建筑组构理论 [M]. 杨滔，等译．北京：中国建筑工业出社，2008.

[3] （美）C·亚历山大，H·奈斯，城市设计新理论 [M]. 陈治业，童丽萍，译．北京：知识产权出版社，2002.

[4] （美）C·亚历山大，S·伊希卡娃．建筑模式语言（上、下）[M]. 王听度，周序鸿，译．北京：知识产权出版社，2001.

[5] （美）凯文·林奇．城市意象 [M]. 方益萍，何晓军，译．北京：华夏出版社，2001.

[6] （丹麦）扬·盖尔．交往与空间 [M]. 何人可，译．北京：建筑工业出版社，2002.

[7] （日）原广司．世界聚落的教示 100[M]. 于天祎，刘淑梅，译．北京：中国建筑工业出版社，2003.

[8] （日）藤井明．聚落探访 [M]. 宁晶，译．北京：中国建筑工业出版社，2003.

[9] 段进，比尔·希列尔，邵润青，等．空间句法与城市规划 [M]. 南京：东南大学出版社，2007.

[10] 段进，比尔·希列尔．空间句法在中国 [M]. 南京：东南大学出版社，2015.

[11] 冯淑华．传统村落文化生态空间演化论 [M]. 北京：科学出版社，2015.

[12] 蒋涤非．城市形态活力论 [M]. 南京：东南大学出版社，2012.

[13] 雷翔．广西民居 [M]. 北京：中国建筑工业出版社，2009.

[14] 李长杰．桂北民间建筑 [M]. 北京：中国建筑工业出版社，1990.

[15] 李东，许铁城．空间、制度、文化与历史叙述——新人文视野下传统聚落与民居建筑研究 [J]. 新建筑，2011（6）.

[16] 茹斯·康罗伊·戴尔顿．空间句法与空间认知 [J]. 世界建筑，2005（11）.

[17] 阮昕．文化人类学视野中的传统民居及意义 [J]. 建筑师，2013（3）.

[18] 苏钠．近代北京城市空间形态演变研究（1900-1949）[D]. 西安：西安建筑科技大学，2012.

[19] 孙蕙．北京金融街城市空间形态研究 [D]. 北京：中央美术学院，2010.

[20] 伍端．空间句法相关理论导读 [J]. 世界建筑，2005（01）.

[21] 王均．传统聚落结构中的空间概念 [M]. 北京：中国建筑工业出版社，2009.

[22] 王静文．传统聚落环境句法视域的人文透析 [J]. 建筑学报，S（1），58-61，2010.

[23] 王静文，韦伟，毛义立．桂北传统聚落公共空间之探讨 [J]. 现代城市研究，2017（11）：66-72.

[24] 杨滔．空间句法：从图论的角度看中微观城市形态 [J]. 国外城市规划，2006（03）.

[25] 杨滔．空间句法的研究思考 [J]. 城市设计,2016（1）. Yang T. Thinking aloud on SpaceSyntax

research[J]. Urban Design, 2016（1）.

[26] 郑景文 . 桂北少数民族聚落空间探析 [D]. 武汉：华中科技大学，2009.

[27] Alonso W.1964. Location Theory[M]// J. Friedman and W. Alonso（eds.）.Regional development and planning: a reader.M. I. T. Press.

[28] Alexander C. 1966. A city is not a tree[J].Design Magazine, 206.

[29] Arbib M., Lieblich I. 1977. Motivational learning of spatial behavior[M]// J. Metzler（Ed.）.Systems Neuroscience. New York: Academic Press.

[30] Asami, Y., Kubat, A. S.,Istek, I. C. 2011. Characterization of the Street Networks in the Traditional Turkish Urban Form[Z].Environment and Planning B.

[31] Baoshan Han. 2003.Reweaving the Fabric: A Theoretical Framework for the Study of the Social and Spatial Networks I the Traditional Neighborhoods in Beijing[Z]. Proceedings of the 4th International Symposium on Space Syntax.

[32] Batty M.1995. Fractals-New Ways of Looking at cities[Z]. ISSN:1467-1298 CASA，UCL.

[33] Batty M, Jiang B. 2009. Multi-Agent Simulation: Computational Dynamics within GIS[M]//D.Mrtin and P. Artkinson（eds.）Innovations in GIS VII: *Geocomputation*. Taylor & Francis, London.

[34] Batty M. 2011. Exploring isovist fields: space and shape in architectural and urban morphology[J]. Environment and Planning B: Planning and Design, 28（4）.

[35] Batty M. 2009. A new theory of space syntax[Z]. ISSN: 1467-1298 CASA，UCL.

[36] Balsavar D. 1990. An Understanding of the City: a human construct, as a process in time[D]. Ahmedabad, Dip Arch thesis CEPT.

[37] Bendikt M L, C A Burnham. 1981. Perceiving architectural space: from optic arrays to isovists[M]// W.H. Warren, R.E. Shaw & N. J. Hillsdale（Eds.）. Persistence and Change. Lawrence Erlbaum, Connecticut.

[38] Bafna S. 2001. The geometrical intuition of genotypes[M]//J. Peponis, J. Wineman and S. Bafna（eds.）.Proceedings of the 3rd International Symposium on Space Syntax, Atlanta.Ann Arbor, University of Michigan.

[39] Bafna S.2009. Space syntax: a brief introduction to its logic and analytical techniques[J]. Environment and Behavior, 35（1）.

[40] Byrne R. 1979. Memory for urban geography[J]. Quaterly Journal of Experimental Psychology, 31.

[41] Conzen M R G . 1960.Alnwick ,Northumberland:a study in t own plan analysis[J].Institut e of Brit ish Geographers Publication , 27.

[42] Chung D, Penn A. 2008. Integrated multilevel circulation in dense urban areas: the effect of multiple interacting constrains on use of complex urban areas[J]. Environment and Planning B: Planning and Design, 25.

[43] Carvalho R, Iida S, Penn A. 2003. Scaling and universality in the micro-structure of urban space[M]. Proceedings of the Fourth Space Syntax Symposium, London.

[44] Canter D. 1993. Personal aspects of the architectural experience[M]// B. Farmer and H. Louw（eds.）.Companion to Contemporary Architectural Thought.London, Routledge.

[45] Das, R., J. 2011.The spatiality of social relations: an Indian case study[J]. Journal of ruralstudies, 17.

[46] Dalton N. 2001. Fractional Configurational Analysis, Proceedings of the 3rd International

Symposium on Space Syntax[Z]. Georgia Institute of Technology, Atlanta.

[47] Donald M. 1991. Origins of the modern mind: three stages in the evolution of culture and cognition[Z]. Cambridge, Harvard University Press.

[48] Desyllas J. 1997. Berlin in transition: analyzing the relationship between land use, land value and urban morphology[M]// B. Hillier（Ed.）. Proceedings, First International Symposium on Space Syntax.University College London, London.

[49] Desyllas J. 2008. The relationship between urban street configuration and office rent patterns in Berlin University College London[D]. Ph.D.thesis.

[50] Douglas W. 2009. Spatial integration: a space syntax analysis of the villages of the Homol'ovl cluster[D]. PhD thesis.

[51] Franz G., von der Heyde, M., Bülthoff, H. H. 2005. Predicting experiential qualities of architecture by its spatial properties[M]//B. Martens,A. G. Keul（Eds.）.Designing Social Innovation: Planning, Building, Evaluating. Cambridge, MA. Hogrefe and Huberin press.

[52] Frank L，Engele P. 2011. The Built Environment and Human Activity Patterns: Exploring the Impacts of Urban Form on Public Health[J].Journal of Planning Literature, 16（2）.

[53] Glassie H.1973. Structure and function[Z].Semiotica, 7.

[54] Golledge R. 1977. Multidimensional analysis in the study of environmental behavior and environmental design[M]//I. Altman, J F Wohcwill（eds.）.Human Behavior and Environment Advances in Theory and Research. New York and London, Plenum Press.

[55] Hall, Peter. 1997. The Future of the Metropolis and Its Form[J]. Regional S tudies, 31（3）.

[56] Harvey D. 1989. The Urban Experience[M].The Johns Hopkins University Press.

[57] Hillier B，Hanson J. 1984. The Social Logic of Space[M]. Cambridge: Cambridge University Press.

[58] Hillier B, Hanson J, Graham H.1987. Ideas are in Things: an Application of the Space Syntax Method to Discovering House Genotypes[J]. Environment and Planning: Planning and Design, 14.

[59] Hillier B, Hanson J, Peponis J.1987. Syntactic analysis of settlements[J]. Architecture and Behaviour, 3（3）.

[60] Hillier B. 1996. Space is the Machine: A configuration Theory of Architecture[M]. Cambridge: Cambridge University Press.

[61] Hillier B. 1998. The common language of space[OL]. http://www.spacesyntax.org/publications/commonlang.html.

[62] Hillier B.1999. Centrality as a process: accounting for attraction inequalities in deformed grids[J]. Urban Design International, 4（3&4）.

[63] Hillier, B. 1999. The Hidden Geometry of deformed grids: or, why space syntax works when it looks as if it should not[J].Environment and Planning B, 26.

[64] Hillier B. 2003. The knowledge that shapes the city: the human city beneath the social city，2003[Z]. Proceedings of the 4th International Space Syntax Symposium, London.

[65] Hillier B. 2001. A Theory of the City as Object, in Proceedings of the 3rd International Space Syntax Symposium[M]. University of Michigan.

[66] Hanson J. 1998. Decoding Homes and Houses[M].Cambridge，UK. Cambridge University Press.

[67] Nilufar F. 1997.The Spatial and Social Structure of Local Areas in Dhakka City: A Morphologica

Study[D].Ph.D. Thesis, UCL, London.

[68] Huang H.2001.The Spatialisation of knowledge and social relationships[Z]. Proceedings of the Third International Symposium on Space Syntax, Atlanta.

[69] Karim K.1997. The Spatial Logic of Organic Cities in Iran and United Kingdom[Z]. Proceedings of the First Space Syntax Symposium, UCL, London.

[70] Karimi K. 2006. Continuity and Change in Old cities: an Analytical Investigation of the Spatial Structure in Iranian and English Historic Cities before and after modernisation[D].Ph.D. Thesis, UCL, London.

[71] Kanecar A. 2001. Metaphor in Morphic Language[Z].Space Syntax 3th International Symposium, Atlanta, Georgia Institute of Techonology.

[72] Kuipers B. 1996. Hierarchy of Qualitative Representations for Space, Tenth International Workshop on Qualitive Reasoning about Physcial Systems, QR-96, Menlo Park CA, AAAI Press.

[73] Kuipers B. 2009. The Spatial Semantic Hierarchy[J]. Artificial Intelligence, 19（1-2）.

[74] Lynch K.1960. The Image of the City[M].Cambridge MA, MIT Press.

[75] Lynch K. 1981. Good City Form[M]. Cambridge MA, MIT Press.

[76] Nilufar F.1997. The Spatial and Social Structure of Local Areas in Dhakka City: A Morphologica Study[D].Ph.D. Thesis, UCL, London.

[77] Oktay D. 1996. A Social-Spatial Review Of Exterior Spaces In Residential Environments In North Cyprus[Z].XXIVth Iahs World Housing Congress, Ankara, Turkey.

[78] Penn A , B Hillier, D Banister , and J Xu. 2003. Configurational modelling of urban movement networks[J]. Environment and Planning B-Planning & Design,25（1）.

[79] Peatross F.1997. The Spatial Dimensions of Control in Restrictive Settings[Z]. Proceedings of the First International Symposium on Space Syntax, 2.

[80] Peponis J, Hadjinikalaou E, Livieratos C. 2006. The Spatial Core of Urban Culture[J]. Ekistics 334, 1-2.

[81] Peponis J, Ross C, Rashid M. 1997. The structure of urban space, movement and co-presence: The case of Atlanta[J].Geoforum, 28.

[82] Peponis J, Wineman J, et al.1998. On the generation of linear representations of spatial configuration[J]. Environment and Planning（B）: Planning & Design, 25.

[83] Read S. 2009. Space Syntax and the Dutch city[J].Environment and Planning B, 26.

[84] Rapaport A. 1977. Human Aspects of Urban Form[M]. Headington Hill Hall, Oxford, United Kingdom, Pergamon Press Ltd.

[85] S. Read. 2012. The grain of space in time: the spatial functional inheritance of amsterdam's centre[J]. Urban Design International, 5（3）.

[86] Seamon D.1994. The Life of the Place[J].Nordic Journal of Architectural and Planning Research, 7.

[87] Yang Tao.2015.Space Syntax: Meso- and Micro- Urban Morphology under the View of Gragh Theory[J]. Overseas urban planning, 21（3）.

[88] Wellman, B. 2011. What is social network analysis[OL]. http://www.ascus.org/jcmc/vol3/issue1

[89] Whyte, M., William, P. 1984. Urban Life in contemporary China[M]. Chicago: University of Chicago Press.

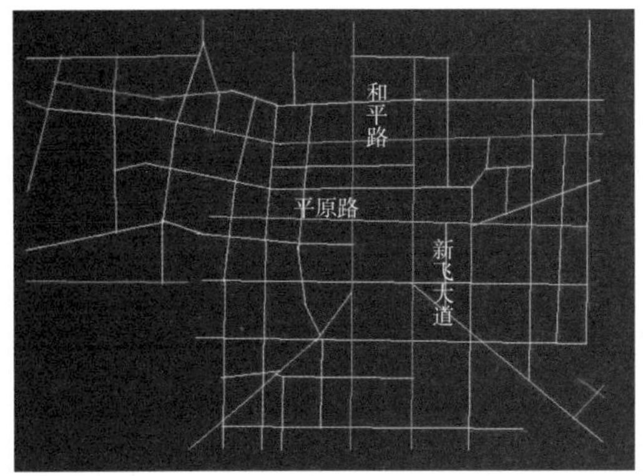

彩图 1　新乡城区历史道路网络句法分析
（见图 3-2）

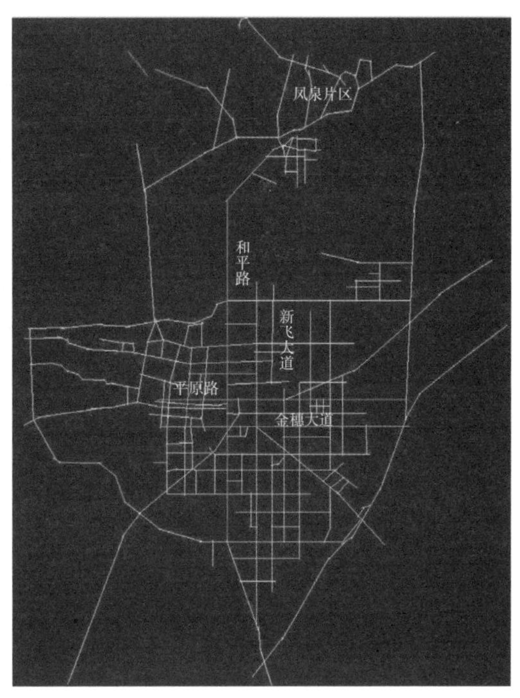

彩图 2　新乡城区现状道路网络句法分析
（见图 3-4）

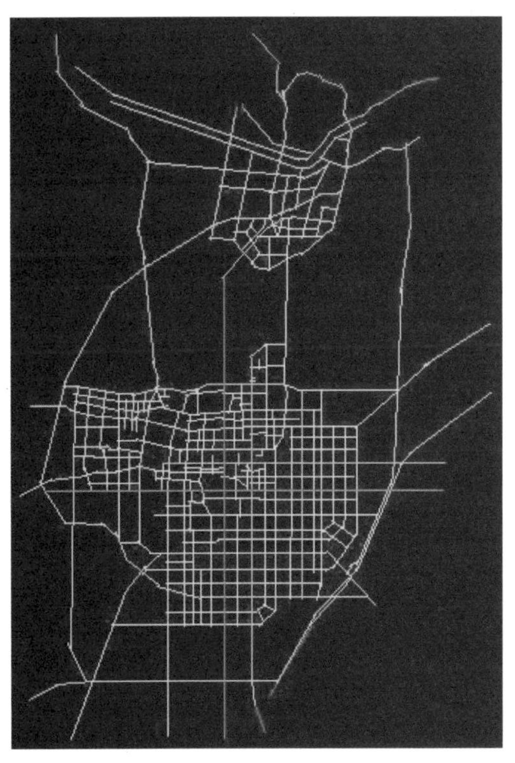

彩图 3　新乡发展过程句法分析（见图 3-7）

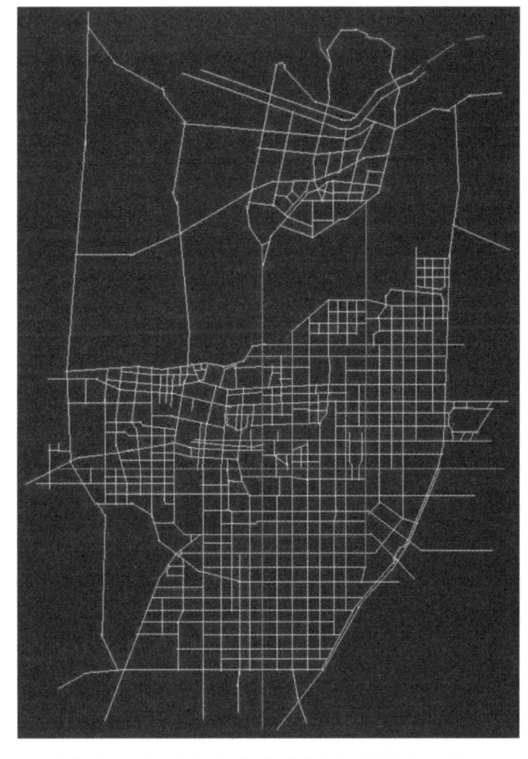

彩图 4　新乡规划句法分析（见图 3-10）

(a)

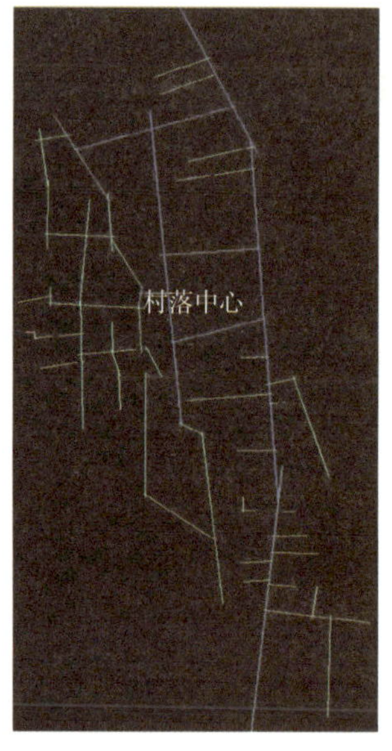

(b)

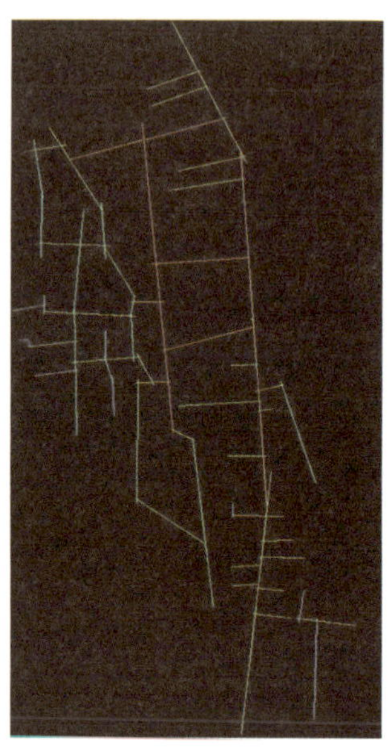
(c)

彩图 5　柏峪村落地形以及句法整合度及深度值分析图（见图 3-15）

彩图 6　云山屯堡聚落句法轴线地图（整合度）（见图 3-20）

彩图 7　云山屯堡聚落句法轴线地图（控制值）（见图 3-21）

彩图 8　云山屯堡聚落句法视域（整合度）分析图（见图 3-23）

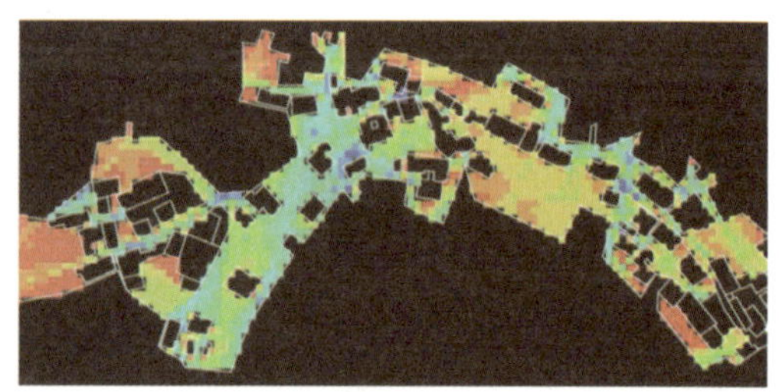
彩图 9　云山屯堡聚落句法视域（聚集系数）分析图（见图 3-24）

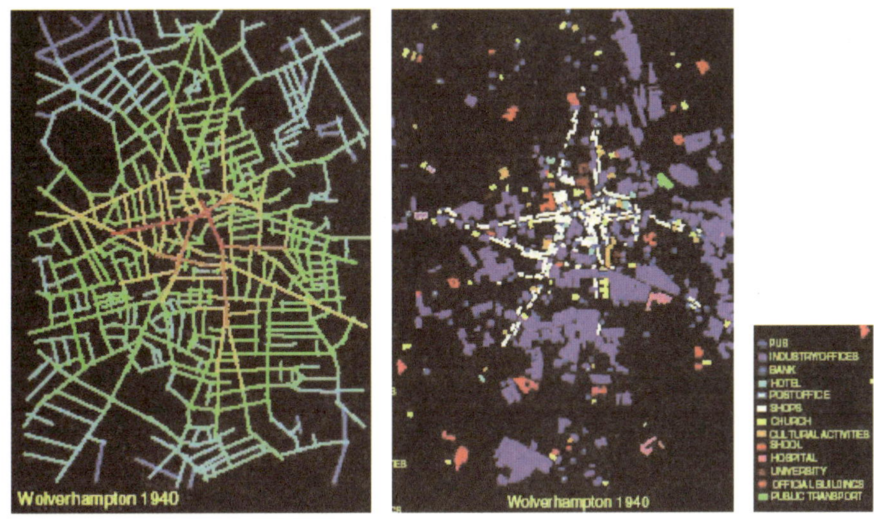

彩图 10　英国伍尔弗汉普顿句法分析及其土地功能布局（1940 年）（见图 4-1）

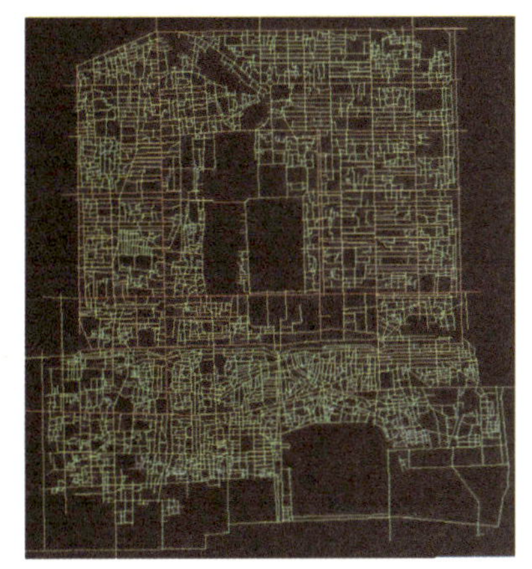

彩图 11　北京城市空间整体集成模式的句法表达（1982 年）（见图 4-2）

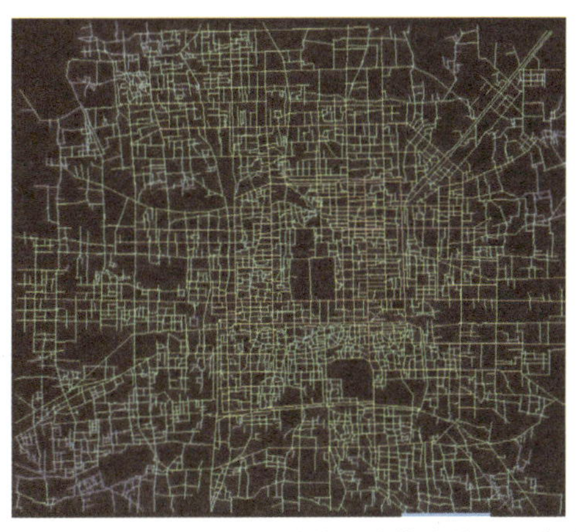

彩图 12　北京城市空间整体集成模式的句法表达（1993 年）（见图 4-4）

彩图 13　北京城市空间整体集成模式的句法表达（2003 年）（见图 4-7）

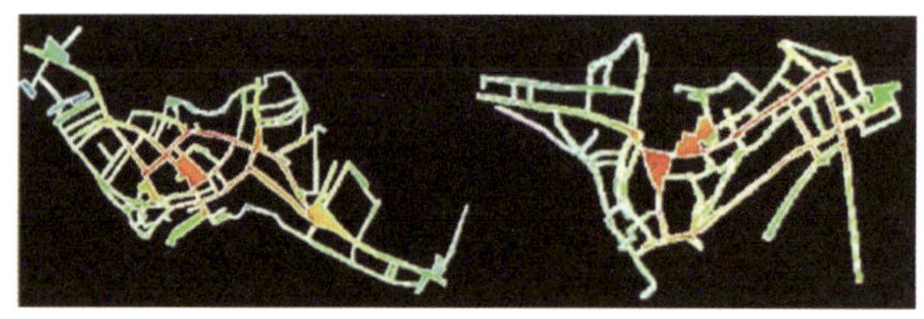

彩图 14　传统聚落公共空间的句法地图（见图 5-2）

注：红色集成度最高、黄色次之、蓝色最弱

彩图 15　北京胡同系统空间句法分析（见图 5-3）

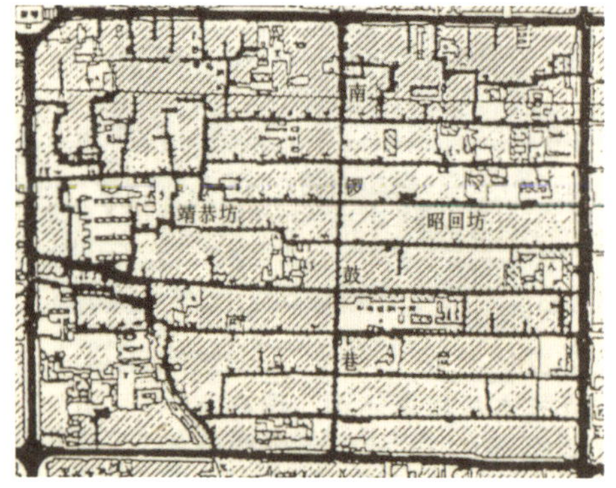

（a）局部胡同空间

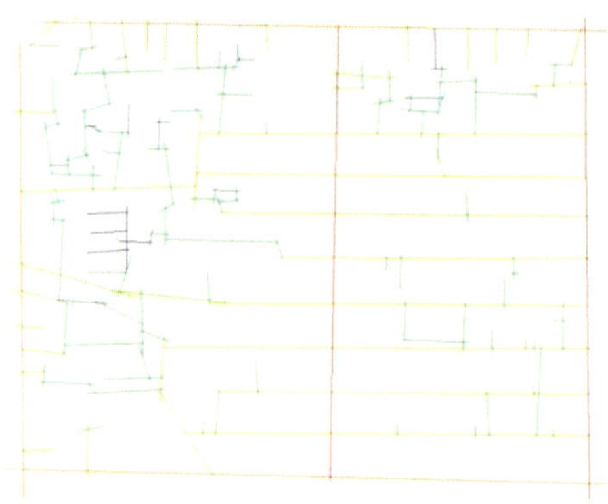

（b）局部胡同空间句法分析

彩图 16　局部胡同空间及其句法分析（见图 5-4）

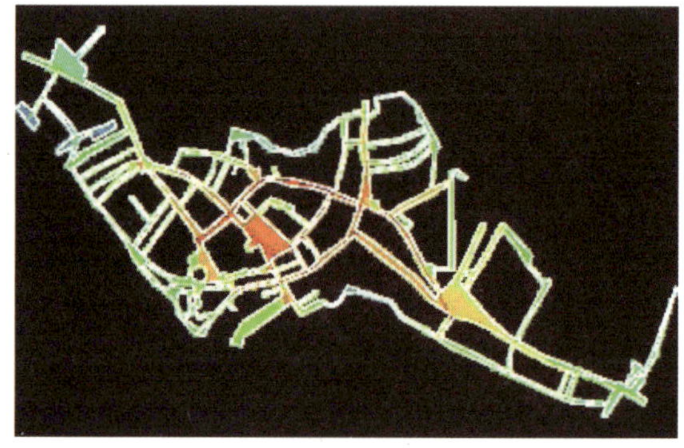

彩图 17　聚落 B 及其公共空间句法视域的表达（见图 5-6）

注：红色整合度最高、黄色次之、蓝色最弱，红色区域为其核心广场

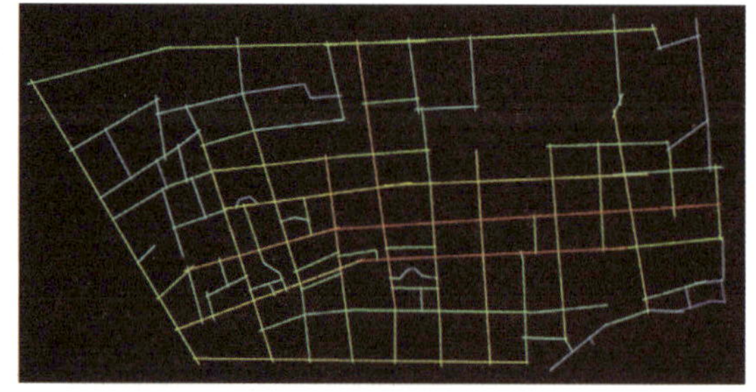

彩图 18　现代居住小区公共空间句法的分析（见图 5-12）

注：红色整合度最高、黄色次之、蓝色最弱